LA FANTASIA

COLLANA DI NARRATIVA

E. Celi, G. Giorgianni, M. Musolino,
S. Scarfì, M.O. Venuti

Zona Porta Messina

La Feluca Edizioni

ISBN: 978-88-96358-19-1

Maggio 2014
In copertina: *Lancia*. Foto di Valeria Gavagni

Nota dell'Editore

La città di Messina occupa un singolare territorio capace di evocare sensazioni e forti emozioni. Un territorio in cui ancor oggi una moltitudine di persone s'incontra e condivide, anche inconsapevolmente, le proprie esperienze. Un luogo di confronti, di partenze e di arrivi, di caffè consumati e pesce fresco acquistato, in cui burocrazia e immaginazione, agli antipodi tra loro, trovano un punto di contatto.

Un passaggio obbligato, una "piazza" nella quale dialetto e italiano si confondono, in cui mito e leggenda, passato e presente s'intersecano tra loro e dove un tempo "celeberrimi personaggi storici" organizzarono spedizioni militari significative.

Un luogo che la natura ha voluto omaggiare conferendogli una singolare conformazione geogra-fica capace, da sempre, di attribuirgli un valore incomparabile, espresso, in passato, da una spiccata vocazione commerciale che, per secoli, l'ha reso considerevole ed essenziale per lo sviluppo dell'intera area del Mediterraneo .

A dispetto degli antichi splendori oggi, inverosimilmente, questo medesimo luogo appare quasi un "non luogo", se non fosse per le navi, gli aliscafi, una stazione "barcollante", le prostitute e il *via vai* notturno. Tuttavia basta ricordare cos'era prima, che d'improvviso "lo stesso" s'illumina e diventa incredibilmente bello. Uno spazio il cui significato è animato e personificato da una Piazza, una Dogana, un Bar, alcune Navi, una Stazione, una Pescheria. Tutti elementi di un puzzle la cui visione è resa nitida non soltanto se uniamo tutti i pezzi che lo compongono, ma anche se ci distanziamo e guardiamo lontano, molto lontano, attraverso i secoli … La cornice è simile a una Falce, anzi è proprio quella Falce che è adesso offuscato ricordo.

C'era tutto, o almeno così sembrava.

Poi, *d'emblée* un temporale, una "pioggia" battente rovinava ogni cosa. Un forte ribollire dalle viscere della terra incombeva d'impeto. Una catastrofe climatica si abbatteva e niente e nessuno era in grado di opporsi. I cittadini hanno vissuto esterrefatti tali accadimenti.

Dopo, negli anni, nulla hanno fatto affinché la "pioggia" smettesse di cadere, consentendo che distruggesse ogni cosa. Gli stessi hanno aggiunto a tale sciagura il loro *non fare* che ha contribuito ulteriormente a fomentare quell'immobi-lismo capace di disfare ciò che di buono era rimasto.

Oggi, non sono i "likeni" a far paura quanto piuttosto l'incapacità di coloro che popolano inconsapevolmente un territorio splendido. Cittadini che pur non vivendo la sfortunata vita di "Carmine" e non essendo costretti a esistere nell'ombra come il romeno "Jimmy", persistono nella speranza che "Bartolo" li chiami, illuminandoli su quella che Pascoli definì: "la bella falce adunca che taglia nell'azzurro il più bel porto del mondo"; oppure vivono sognando un incontro romantico con la propria città, cosi com'era un tempo, che assume le sembianze di una bella ragazza che è anche un fantasma, incontrato per caso in un bar della città …

Quando chiedo ad amici e conoscenti cosa sanno di questo luogo, tutti, e dico tutti, con abituale *nonchalance,* riferiscono di prostitute, degrado e incuria. Per naturale deduzione mi chiedo il perché e considero che al di là di tutte le possibili disamine, un dato è certo: è così! Quindi cosa fare? Non sarò io a trovare la soluzione: magari fossi in grado! Credo, piuttosto, che la parola sia stata in passato e rimanga tutt'oggi una delle armi, di maggior forza, da poter utilizzare. E così, grazie e soprattutto al genio e al *tac* dell'amico Pier Paolo Zampieri, nasce l'intenzione di organizzare qualcosa in grado di stimolare le coscienze di noi tutti cittadini di questa pur splendida città: un concorso letterario *sui generis* che ha lo scopo di valorizzare un'area significativa per mezzo delle idee e dei pensieri di "tutti gli scrittori", vincitori e non, che con volontà e interesse hanno partecipato a questo aperto laboratorio culturale e verso i quali manifesto la mia più sincera stima.

Gianluca Buttafarro

Unità di Luogo.
Tac.
Prefazione di Pier Paolo Zampieri

Ero arrivato a Messina da poco. Più o meno i primi anni '90. Ricordo una città notturna e cupa. Poche luci, cielo curvo e tante parole. Ogni persona mi sembrava covasse un vomito di parole. Bastava poco. Uno sguardo, una birra, un'intimità e *tac*. Partiva lo sbocco. All'improvviso. Ogni volta come fosse la prima volta. Sinceramente non ho capito subito. Ci ho messo una decina d'anni, circa. Forse fino quando ho cominciato a farlo anch'io. Però almeno un paio di cose le avevo capite. Che tutte quelle parole, ad esempio, tutti quegli sbocchi che ognuno sparava come in un kolossal corale del film *l'esorcista*, erano preziose. C'era quella frequenza ultrasonica di dolore che può darti solo il tradimento di un grande amore. Poco importa se fatto o subito. Il tradimento intendo. Rabbia e bellezza fuse in una rassegnazione elettrificata. Bastava alludere alla parola Messina e *tac* partiva il film dell'esorcista. I quartieri? *tac*. Le baracche? *tac*. Il passato? *tac*. La falce? *tac*. Il mare? Ci siamo capiti.

Il *tac* che invece è scattato dentro la mia testa è più o meno la cosa che avete tra le mani. Avevo capito che tutte quelle parole semplicemente non avevano un luogo in cui andare. Non c'era mai un posto che le potesse accogliere. Sempre e solo altre persone. Meglio se una alla volta. Mancava l'equivalente antropologico di una piazza. Quello spazio condiviso dove gli umori diventano opinione, poi energia e magari azione. Giusto o sbagliato è quello che avevo capito. E l'istante dopo, *tac*, mi è venuta l'idea. Un concorso letterario nel luogo più denso, più vuoto e più figo della città.

Nei romanzi è sempre il protagonista a unire i diversi luoghi della storia. Qui sarebbe stato il contrario. Un fondale che potesse essere attraversato da tutte quelle parole, da tutte quelle storie. Non fa nulla se non si sarebbero mai incontrate. Avevo pure previsto una postfazione narrativa in cui fingendo di narrare la storia del banconista di *Porta Messina* avrei visto passare da là tutti i personaggi della storia.

Mi ero immaginato un signore didascalico, coi baffi, pieno di quel tipo di malinconia di chi si alza prima degli altri. Uno pieno di piccoli rituali a cui si era affezionato, pulire il bancone in automatico, dividere le monete, fumare una sigaretta a ore prestabilite guardando il mare. Quel tipo di malinconia di chi vede ogni giorno centinaia di persone partire. Mentre lui resta. Là.

E il là non è esattamente un posto come un altro. È il grande rimosso della città. È la prima cosa che si vede quando si arriva in Sicilia. È l'ultima che si ricorda quando si parte, quasi sempre "per sempre", anche se "per sempre" non dura mai più di qualche anno. Zona Porta Messina mi è sempre sembrata un fuoco di cose. Un bar, un porto, un vuoto, un mare, un cielo capovolto. Forse il cuore stesso della città scomparsa, quella che non c'è più e non è stata ancora sostituita da nessun'altra. Con la sua dogana di-non-si-sa-che-cosa, con la sua grande Falce negata, col *murales* di Blu che sembra un urlo e con l'architettura fascista della marittima che si mangia il *maregrosso*. E poi i suoi abitanti. Tutti invisibili. Barboni, prostitute, sbirri, trans, pescatori, viaggiatori distratti e un miliardo di caffè a unirli come fosse un dio piccolino e democratico. Il dio che avrei distribuito con monosillabi e sorrisi neutri. Insomma Zona Porta Messina è una specie di minestrone urbano fatto di ruggine, cemento, salsedine, gente sola, capannoni abbandonati e bar che sembrano oasi di discrezione. Detto in altro modo un enorme detonatore di *tac*.

È questa la sfida che abbiamo lanciato alla città, a chi ha voglia di trasformare le parole in inchiostro e donarle agli altri in quel piccolo enorme luogo che è un libro. Ho sempre avuto l'impressione che questa città, strappata violentemente dalla sua *Storia*, si sia dimenticata che sono le *storie* a farci affezionare ai luoghi. Le piccole storie. Quelle che ci portiamo dentro e vomitiamo addosso agli stranieri e qualche volte ai banconisti di bar posizionati al confine del mondo. Quelle che senza tanti giri di parole sono il pane e il salame della letteratura.

Hanno vinto in cinque.

Scarfì apre il libro con un linguaggio che sembra una soggettiva cinematografica. Ne *La soglia* succede tutto in una notte. La notte in cui hanno sbaraccato i Rom dalla Falce. Una notte in cui Messina sembrava una metropoli.

Pochi aggettivi e tante sigarette. Quasi la cronaca sociologica di un'altra sconfitta urbana. Fossi stato il banconista didascalico di *Porta Messina* avrei fatto un caffè ad un ragazzo con la barba incolta e gli occhi arrossati.

Con Celi si cambia registro. Con una scrittura che sembra un ricamo percorriamo la vita di Giò, dalle vanitose giornate puberali davanti allo specchio di una cameretta, al mestiere più antico del mondo. Amata al buio e ignorata di giorno la vita di Giò sembra una metafora dell'intera zona. Bellezza e amore in cambio di indifferenza. Un urlo di appartenenza territoriale a quel mare umorale, liquido, femmineo, generoso e devastato che costituisce il contrappunto, e forse il baricentro dell'intera storia. O dell'intera città. Sono ragionevolmente sicuro che a Giò il caffè lo avrei offerto.

Con Venuti si vola. Sul serio. Siamo in un futuro cyber-punk dentro una storia di resistenza e rivoluzione. La Sicilia è stata trasformata in una grande fortezza e la libertà per i terrestri è solo un ricordo. Dento un ritmo da videogames si inseriscono flash back di una vita di quando ancora si chiamava giovinezza. Finalmente anche combattimenti in un orizzonte letterario cittadino forse troppo incline al sentimentalismo e alla mera denuncia sociale. È per colpa di Venuti che ho accantonato l'idea del banconista. Però almeno il nome lo voglio dire. Si sarebbe chiamato *Calunnia*, un omaggio a un vecchio fumetto.

Negli ultimi due racconti, fantasmi. In una città che ha avuto 80.000 morti circa in un colpo solo non dovrebbe sembrare strano. La delicata atmosfera di Giorgianni sembra un manga giapponese sospeso tra adolescenza e qualcos'altro. *La ragazza del caffè* ha il dono di essere letto in un respiro, o nel tempo di un caffè. Infine con lo *spleen* mnemonico di Musolino si chiude *Zona Porta Messina*. La *Traversata* ci lascia in bocca un aroma. Attraversare le scale della marittima e dirigersi verso la falce vuol dire davvero entrare in un'altra dimensione, o in un tempo sospeso che sembra contenerne tanti altri. È solo nel ritorno però che tutto si svela, o meglio si ricongiunge.

Questo è quanto. Non mi resta che augurarvi buona lettura e sperare che qualcuno, una volta finito il libro, decida di farsi un giro, magari a piedi, in quella che semplicemente è la zona più bella della città. Il suo punto G.

Un'ultima cosa. Partorita l'idea in un istante mi serviva solo un editore coraggioso che l'accogliesse. L'ho trovato dopo quasi vent'anni. Lo ringrazio. È stato un periodo in cui ho cominciato anch'io a sbroccare parole nel vento, o nella *sciangazza* come ho imparato a dire in un mese di gennaio su cui non voglio aggiungere altro.

Dedico questo libro al *Teatro Pinelli Occupato* che per quasi tutto il 2013 ha trasformato Zona Porta Messina in uno straordinario laboratorio culturale. Rendere viva una zona morta è più di un'azione politica. È agopuntura territoriale. Quello di cui questa città ha bisogno.

Ps.

Scegliere quale racconto sia migliore di un altro è un lavoro duro e da un certo punto di vista impossibile. Non si può non sbagliare. Ad un certo livello parlare di meglio o peggio è addirittura ridicolo. La giuria, nella persona di Mario Ferrara, ha pensato di condensare i nostri parametri valutativi in una forma poetico narrativa. Il pezzo, che troverete in coda al libro, comincia così:

"C'era na vota,
u sceccu si vota.
C'era na crapa,
u sceccu si caca.
C'era na biscia,
u sceccu si piscia".

Alla quinta birra mi era entrato in testa.

Zona Porta Messina

La soglia

Sergio Scarfì

01/ 04 / 2011

La città è lunga, ma la si può percorrere tutta in pochi minuti, in alcuni momenti e per certe vie. Via Circuito, Via Consolare Pompea, Viale della Libertà, Via Vittorio Emanuele, Via La Farina. Di notte, in auto, non impiegherete più di dieci minuti a coprire la distanza che divide la Punta dalla Falce. Pochi punti di riferimento: un tabacchino aperto fino a notte fonda, vari parcheggi con vista mare, una fontana, panchine, laboratori di pasticceria. Automatismi da messinese insonne e "fancazzista". Questa notte però ho una meta e un impegno. E un caffè mi aiuterà.

00.13

Porta Messina: da che ho memoria questo bar è stato chiamato solo così. Credo abbia un nome, Il Veliero o qualcosa del genere, ma la toponomastica da bar non può che soccombere alla storia. Porta Messina, l'antica porta della città, il porto, la dogana, la Madonnina benedicente di fronte e un bar. Mi accoglie un barista ingioiellato, baffi alla Tom Selleck e battuta pronta. Caffè stretto, tendente al bruciato. Mi riscaldo le mani con la tazzina, bevo con calma. Intorno a me poche persone. Un uomo con valigia al seguito si affretta a pagare, il traghetto sta per partire e la sponda calabra lo attende. Rifletto sulla mia destinazione. Non è la Calabria, non attraverserò lo Stretto eppure sto per varcare una soglia. Non si scherza, c'è persino un ponte da attraversare. In una città segnata dalla tirannia della linea retta, a pochi metri dal centro, si cela un passaggio spaziale scioccante. Risalirò in macchina, passerò davanti alla stazione, e mi troverò a un semaforo. Se decidessi di continuare dritto non vedrei più il mare per chilometri, mi addentrerei nella zona commerciale della città, l'enorme incubo grigio della zona sud. Svolterò invece sulla mia sinistra, attraverserò un cavalcavia, e di lì sarà Mare Grosso. Quel cavalcavia testimonia, e ad un tempo spezza, il delirio efficientista della linea retta per eccellenza: la ferrovia che ha negato alla città l'accesso al mare, alla sua storia, ai suoi miti. Percorso il cavalcavia svolterò di nuovo a sinistra, via don Blasco. La mia meta è il campo Rom di San Raineri. In linea d'aria si tratta di pochi metri dal bar dove mi trovo, una scaletta di servizio delle Ferrovie di Stato collega i due versanti della zona. Pago il mio caffè, accendo una sigaretta e mi avvio verso la macchina.

Metto in moto, getto uno sguardo alla traversa alla mia destra: per chi ha familiarità col luogo quella è la "Via dei Trans", nella mia mappa mentale della zona costituisce uno dei lati del quadrilatero che ha nel bar Porta Messina, nel mercato del pesce e nel circolo Arci i suoi altri lati. Proseguo, incolonnato insieme ai tir che si imbarcheranno dal Molo Norimberga, diretti a Salerno e da lì in giro per l'Europa. Titaniche processioni della merce. Sul ponte rallento sempre, osservo il reticolato dei binari sottostanti, le strutture di ferro, battute con rabbia dal vento. Ricordo la prima volta che varcai la soglia del cavalcavia. In quel caso la mia meta era la Cittadella, occupata dalla zona militare: andavo a prendere un'amica a una festa al Circolo degli Ufficiali. In quell'occasione passai a gran velocità dal cavalcavia e non rallentai fino alla guardiola della zona militare. La potenza di quei luoghi, le leggende metropolitane sul campo nomadi, l'impatto spettrale dell'inceneritore, mi comunicarono una profonda angoscia. Solo dopo qualche anno divenne consuetudine per me attraversarne la soglia. Ne ricavai un entusiasmo incomprensibile ai più. La città si era ingrandita, avevo "sbloccato un livello bonus" e ne ero pienamente padrone. Per anni ho portato amici in giro per la zona falcata: visite guidate all'inceneritore, al campo Rom, fino ai cantieri navali e alle porte della zona militare. Nel raggio di pochi chilometri la città dipinge qui la sua più vivida allegoria della modernità e del potere, del progresso e della marginalità. Viaggiatori, trans, prostitute, merce viva e pulsante di viscere, merce stipata e anestetizzata, militari e migranti, stazione e porto, e un mare negato che si rivale corrodendo e ossidando quanto più possibile. E gli zingari. Radunati da vent'anni e più in un orrido campo con esclusiva vista mare. Entrarvi significa varcare un ulteriore soglia, e ci si ritrova proiettati nella carnalità Rom. La mia prima istantanea del campo fu un uomo che caricava un enorme televisore a tubo catodico su una carriola. Mi si avvicinò, chiedendo un passaggio per lui e per il suo ingombrante carico fino a Piazza Cairoli. Ebbi appena il tempo di notare alcuni dettagli: la baracca rosa, la prima a vista nel campo; il continuo reflusso di acque chiare e meno chiare davanti al cancello; i tappeti stesi sul muretto, a strapiombo sui binari qualche metro più in basso.

Sono passati tre anni, durante i quali il campo nomadi è diventato uno dei principali punti di riferimento della mia personale Messina e delle mie relazioni sociali, e non ho mai visto tanto spiegamento di mezzi e persone a San Raineri quanto ne vedo approssimandomi al campo stasera. L'amministrazione si è passata la mano sul cuore, ha ottenuto un mega finanziamento europeo e ha deciso. Sgombero. Integrazione dei Rom nel tessuto cittadino. Legalità. Riqualifica della zona. Il mantra è chiaro da mesi. Si è deciso di procedere di notte, per "facilitare" le operazioni. Sono presenti: Vigili del Fuoco, Polizia Municipale, Polizia di Stato, Carabinieri, Autorità Portuale, City's Angels, Croce rossa, Caritas, Sindaco e assessori. Il balletto del potere è ben illuminato dall'alto da un riflettore da stadio. Che cosa ci faccio io qua? Non è molto chiaro nemmeno a me. Con un gruppo di amici da qualche anno organizziamo un doposcuola di fortuna per i ragazzini del campo, appoggiandoci a varie associazioni laiche e religiose della città. Siamo una rete informale, abbiamo nel cassetto uno statuto pronto e mai vagliato per ergerci ad associazione, molte buone intenzioni e tempo, pochissima concretezza. Nella più brutale realtà dei fatti, abbiamo tutti trovato nel rapporto con quel luogo una ragione sociale e umana di coesistenza e resistenza. Il segno più tangibile che ho lasciato su uno dei miei allievi di doposcuola è una cicatrice, per un contrasto giocando a calcio sulla spiaggia di Maregrosso. Stasera sono in imbarazzo, tutti coloro che hanno vissuto questo posto negli anni si sentono disorientati , ce lo comunichiamo con sguardi e una timidezza sconosciuta. Varco quasi di soppiatto il cancello del campo, ho imparato negli anni che non è possibile passare inosservati e restare nell'anonimato qua dentro. Nelle baracche fervono i preparativi, criteri salomonici hanno stabilito la meta delle varie famiglie. Chi è senza documenti è destinato all'espulsione o alla fuga.

La situazione peggiore è quella di Jimmy, padre di quattro figli. Documenti non ne ha, la famiglia è sotto stretto controllo dei servizi sociali, lui gode di pessima fama anche all'interno del campo, tant'è che gli è stata assegnata la baracca più isolata e piccola. Ubriacone, attaccabrighe, violento: Jimmy è davvero una "testa di cazzo". Gli abbiamo consigliato più volte di non farsi trovare al campo la notte dello sgombero, di scappare prima che il numero di funzionari statali superasse di gran lunga quello dei topi; poteva rifugiarsi un paio di giorni da sua sorella, sposata con un italiano, poi raggiungere con cautela sua moglie e i figli. Ovviamente trovo Jimmy ancora nella sua baracca, attaccato a una bottiglia di birra Messina da 66 cl., sprofondato in una poltrona che ha opportunamente piazzato fronte mare. Non scappa via, lui è qui da vent'anni, mi comunica. Non lascia sua moglie e i figli. Appare risoluto. Un lungo e accorato conciliabolo con sua moglie sembra ammorbidirlo. Piange, abbraccia i figli. Vuole scappare, ma è totalmente ubriaco e il cancello del campo è presidiato. Qualcuno deve accompagnarlo in macchina e bisogna aggirare lo schieramento di forze dell'ordine che vigila sulle operazioni. Io e un altro ragazzo ci offriamo di accompagnarlo; illustriamo il piano a Jimmy: dovrà uscire da un cancello laterale, confinante con quello di una piccola ditta edile e aspettare che lo raggiungiamo in auto. Si incammina con passo barcollante. Noi ci dirigiamo verso la macchina. Parto e ritrovo Jimmy dove convenuto. Appena salito in macchina, mi prega di non passare davanti alla polizia. Mi suggerisce che strada fare, passiamo dalle rampe di imbarco dei traghetti, che collegano via Don Blasco a Porta Messina. In pochi secondi siamo fuori dalla zona Falcata. Siamo diretti a Minissale, periferia sud, dove abita la sorella di Jimmy, ma lui ha un'idea diversa. Propone di andare a Capo Peloro, a fare una bevuta fra uomini. La mozione viene seccamente bocciata, ci inoltriamo nel profondo Sud della città. La fuga sembra aver rallegrato il nostro, che prende a raccontare di un passato da calciatore in Montenegro, giovane promessa stroncata da un doppio infortunio al crociato. A quell'evento attribuisce l'inizio delle sue sventure. A spezzare tali memorie balcaniche appare, prosaico, il benzinaio della stazione di servizio

24 ore di Minissale, oasi notturna di ogni tabagista peloritano. Jimmy si congeda con un'ultima richiesta: due euro per raggiungere la somma necessaria all'acquisto di un pacco di Marlboro Rosse (sigaretta ufficiale degli zingari messinesi. Ci abbraccia e scappa. Il passo è sempre malfermo: le ginocchia, penso, altro che l'alcool. Ritorniamo prontamente al campo, calati nei panni degli uomini d'azione, corroborati dal nobile e temerario gesto. Sono arrivati i camion dei traslochi, le prime famiglie si apprestano a lasciare le loro baracche. Si fanno sentire stanchezza e fame, si parte di nuovo alla volta del bar.

03.30

Sono passate due ore e lo scenario di Porta Messina è sensibilmente variato. È arrivato il pesce fresco. C'è grande movimento. Dentro il bar alcuni lavoratori del mercato, omoni in cerata e stivali di gomma, bevono il primo caffè della giornata lavorativa, per me è il decimo di una giornata che ancora deve concludersi. Un netturbino mangia un cornetto e fissa il vuoto. Un uomo pesantemente truccato barcolla sui suoi tacchi alti e fa il suo ingresso nel ristoro. È uno dei travestiti di Via Valore, sta concludendo la sua notte di lavoro.

Qualche mese fa dovetti dirimere una lite fra lui e i bambini Rom che dovevo riaccompagnare a casa concluso il doposcuola. Premetto che gli zingari sono parecchio indietro sulle questioni LGBT, e che il travestito in questione è parecchio irascibile. La risatina maliziosa di una ragazzina aveva scatenato l'ira del trans che, avvicinatosi minaccioso, aveva insinuato che la mamma della Rom fosse una "marchettara" e che, possibilmente, quel destino sarebbe toccato anche alla ragazzina. Mi accusò di non aver insegnato l'educazione a quei bambini. Mortificato, ordinai di chiedere scusa alla signora. Seguì lungo dibattito sulle questioni di genere.

Ovviamente lui non si ricorda di me, beve il suo caffè. Io rifletto sullo strano destino di questo posto. Luogo di transito, ma certamente non anonimo, non uno di quei *non-lieux* cari alla moderna sociologia. Le identità sono chiarissime, persino esibite. Lo scaricatore del mercato del pesce, il netturbino, il trans, sono immediatamente identificabili. Curano gli aspetti più viscerali della nostra società: i rifiuti, la pulsione sessuale. Non è un caso se operano di notte, non è un caso che si concentrino tutti in una zona della città. In questa zona della città. Di giorno i locali di quest'isolato ospitano il comando dei vigili urbani e l'ufficio oggetti smarriti del Comune. Esco dal bar, l'odore del pesce è forte, lo scirocco lo amplifica.

Riparto alla volta del campo Rom. Prima di svoltare verso il cavalcavia guardo la Via La Farina dinnanzi a me. Drittissima, simmetrica, come disposto dai piani regolatori post-terremoto. Messina, città emporio. La funzionalità del commercio improntà le geometrie della città. Mi chiedo se sia possibile contenere nei limiti della geometria piana la vocazione di una città di mare e mito come questa. Basta spezzare il dominio della linearità, osservare Mare Grosso, per trovare una risposta. Qui c'è tutto quello che eccede dagli schemi geometrici della norma con cui gli angoli della città sono stati tagliati. Eccedenze della funzione, rifiuti della storia. Non a caso qui è situato il campo Rom. Anche le attività industriali di questa zona hanno dovuto soccombere all'oblio. A pochi metri dal campo nomadi, un inceneritore abbandonato svetta sulle vecchie mura della città. Un gigante addormentato, cattedrale sconsacrata di un mito tecnologico. I bambini del campo ci si addentrano per giocare. L'odore della salsedine si intreccia con quello della ruggine, consegnando all'olfatto la potenza di un abbraccio fatale fra mito e progresso. La porosità di questi luoghi è tangibile. Da qualche anno alcune famiglie abitano la zona dell'inceneritore. Hanno occupato con mezzi di fortuna le gallerie scavate nelle mura della città, vi conducono attività di piccolo artigianato. La spiaggia antistante è uno dei maggiori ritrovi di pescatori della città. Parcheggio la mia auto poco distante da lì, mi incammino di nuovo verso il campo Rom. Le prime famiglie hanno già lasciato le loro baracche alla volta delle case che li aspettano, tutte dislocate nelle periferie della città edificate ferocemente lungo i torrenti, da nord a sud, dall'Annunziata a Cataratti. I Rom più anziani sono disorientati. Fissano il vuoto, per più di vent'anni hanno abitato nel centro della città, fruitori unici di un affaccio a mare negato al resto di Messina. Hanno sofferto il freddo, convissuto con le intemperie e i topi, eppure questo sradicamento li prostra. Nessuno appare entusiasta di essere "integrato nel tessuto cittadino". Diamo una mano a svuotare le ultime roulotte. Ognuna di esse racconta una storia. Quella della famiglia Ajduce era fra le più aperte e ospitali: "Arifa prepara un caffè, i bambini dormono". Li sveglieranno solo al momento di partire.

La "cafa" dei Rom è strettissima, le donne ne leggono i fondi, le bimbe le scimmiottano.

Un giorno Ciane, nove anni, guardando nel fondo della mia tazzina, mi predisse un futuro roseo: " Ti sposerai e avrai il permesso di soggiorno".

Nel campo vivono anche tre italiani, due di loro per ragioni familiari: padre e figlio, il giovane ha sposato una Rom e il padre vive con loro. Il terzo è un personaggio ambiguo, le donne del campo sputano a terra quando passa vicino, gli uomini lo trattano con riverenza, salvo maledirlo appena volta l'angolo. Pochi giorni prima dello sgombero mi ha fermato, raccontandomi a mezze parole la sua storia: emigrato in America, venne accusato di un fatto di sangue e scappò in Italia, tornò a Messina, dove uno dei più influenti rappresentanti della comunità Rom gli offrì un alloggio nel campo. La polizia conosce la situazione e spesso passa a controllarlo. Mi accenna a certi giri che gestisce nel campo, cose piccole precisa, droga mai, qualche prestito, buttane. Non è chiaro cosa sarà di lui. Non lo vedo in giro stanotte.

Mi si avvicina Miki, uno dei Rom con cui sono più in confidenza, è preoccupato, fuma nervosamente. Facciamo due passi, ci sediamo su un masso di fronte alla spiaggia. Mi offre una Marlboro Rossa, ho finito il tabacco e la accetto. Ricordo che da questo stesso punto ho visto per la prima e unica volta i delfini che attraversavano lo Stretto. Scorgiamo le prime luci del giorno, entro mattina tutte le famiglie devono lasciare il campo. In giornata verranno abbattute tutte le baracche. È tempo di svegliare i bambini. Sono gli unici a essere eccitati, la notte è stata avventurosa, il campo insolitamente popolato. Sono contenti di vederci. Noi italiani siamo davvero provati, non ci siamo mai nascosti di aver ricevuto da quel luogo più di quanto dato. Ci congediamo, leggermente immalinconiti. È tempo di andare a riposare: la giornata sarà lunga.

07.00

Un ultimo caffè, prima di rimettermi alla guida. Il quotidiano parla dello sgombero. Al bancone non c'è più il barista baffuto. In strada il primo traffico della mattina. La testa si ferma, i pensieri sono corti, gli occhi pesanti.

26/ 01 / 2014

Primo pomeriggio, Via La Farina. Mi dirigo verso Porta Messina. Il tempo è infame, lo scirocco imperversa, picchia il viso. Entro nel bar, Il Veliero. Ordino un caffè. Vengo da una passeggiata in zona Falcata. Ci torno spesso, anche se non ho più una meta precisa. Il paesaggio di tutta la zona mi appare modificato. Da un anno circa Via Alessio Valore non è più *la strada dei trans,* ma *la strada del Pinelli.* Un collettivo ha occupato uno stabile dismesso, facendone uno spazio comune, dando vita a un progetto esistenziale e resistenziale. I trans continuano a popolare le notti della via, si convive serenamente. Il progetto di riqualificazione della zona falcata è fermo allo sgombero e abbattimento del campo nomadi e di qualche magazzino e capannone lungo via Don Blasco. L'area di San Raineri è inutilizzata: già il giorno successivo all'abbattimento delle baracche i Rom sono tornati per prendere il rame, dopo qualche giorno un incendio doloso ha interessato l'area. Molti dei ragazzi che seguivamo hanno abbandonato la scuola, frustrati dalle ripetute bocciature. Fanno vita di quartiere. Le famiglie sono state inserite in un percorso di autocostruzione delle case, finanziato dall'Unione Europea. Jimmy ha impiegato solo pochi mesi per farsi espellere, un goccio di troppo per festeggiare la nascita del nipote, qualche parola fuori posto detta a un vicino. Ora lui e la sua famiglia si trovano a Podgorica.

Da pochi giorni è stato disposto l'abbattimento dell'inceneritore, nell'ambito della riqualificazione della zona falcata.

Esco dal bar, accendo una sigaretta. Lo scirocco e Messina mi investono.

Col mare negli occhi

Emilia Celi

Invisibile. Se mi chiedessero di trovare una sola parola capace di raccogliere in sé il senso di tutta la mia vita, non avrei dubbi, non potrebbe che essere *invisibile*. Da sempre. In ogni ambiente, luogo, sfondo; in qualsiasi luce o cornice. Invisibile.

Giòsi è il soprannome che ha accompagnato i miei primi passi; una breve ventata di dolcezza, soppiantata in fretta da un più pratico Giò. Un monosillabo veloce e secco, vuoto di suoni e sfumature, di qualunque movimento. Un fiore spogliato dei suoi petali, come quelli che strappavo dalle viole del giardino, costringendole a un tacere storpio e immobile.

Giò, era un colpo di scure che si abbatteva all'improvviso, togliendo aria ai respiri della mia infanzia. Era l'urlo che riusciva a spaccare a metà anche l'azione più decisa, il gesto più sicuro, riducendo in ciocchi da ardere slanci e aspirazioni.

Il mio nome di battesimo non ricordo di averlo mai sentito sulla bocca di mia madre; né di mio padre, intento a bruciare di sguardi e silenzi ciò che restava di tutta quella legna fatta a pezzi. Con cinque figli da crescere, e il lavoro da portare avanti, c'era così tanto da fare che non restava spazio per parole inutili o emozioni. Quando, d'istinto, affioravano alle labbra sapevi già che sarebbero tornate giù, ingoiate a forza in un rantolo muto.

Era così che andava. Frasi e pensieri venivano ridotti all'osso, come i nomi; non per pigrizia o indifferenza, solo per una questione di stanchezza e priorità.

E in quella confusione di quotidianità rincorsa, dentro un tempo che sembrava non bastare mai, i miei occhi guardavano senza essere visti e le mie orecchie scansavano ordini e rimproveri, aspettando fiabe e canzoni; carezze di suoni che non arrivavano mai. E come fanno i cuccioli di una nidiata in cammino, quando hanno paura di rimanere indietro e ritrovarsi soli, calcavo le orme di chi marciava davanti a me, confondendo la mia ombra con la sua. Nel mio caso le ombre da seguire erano quattro. Quattro sorelle, tra i sedici e i diciotto anni, gioia e orgoglio di mamma e papà: due coppie di orme gemelle, sulle quali saltellare coi miei piccoli piedi ossuti.

I giochi più belli di quegli anni erano quelli dei giorni di febbre, quando rimanevo a letto e la casa era tutta per me. Grande e silenziosa, pronta ad accogliere i miei sogni e le voci che li animavano. Un immenso palcoscenico su cui i personaggi della mia vita prendevano le forme dei miei desideri, abitando il mio corpo come fosse il loro. E allora parlavo con la voce di mia madre, premurosa e amorevole, come mai l'avevo sentita. Lasciavo che le mie mani, come fossero le sue, preparassero con cura la mia colazione, il mio posto a tavola; il latte caldo in cui lasciare scivolare biscotti e sorrisi. Uno alla volta, per gustare fino in fondo ogni boccone di tenerezza ritrovata. E il mio nome, pronunciato per intero, diventava canto tra le mie labbra, da ripetere con tutto il fiato e l'energia che avevo in corpo; a riempire le pareti della stanza, e ricucire i tagli di quei ciocchi accatastati in petto, desiderosi di farsi albero e sapore rotondo di frutto.

Lasciata la cucina andavo nella camera delle mie sorelle e mi tuffavo nei loro armadi, a scegliere abiti e capi di biancheria, profumati di rose e lavanda. Avevo poco più di sette anni e tutto da imparare su come si diventa donne, ma era solo una questione di tempo, quella stanza mi avrebbe rivelato tutto ciò che dovevo sapere. Era il mio manuale segreto di femminilità. Il luogo magico in cui perdermi, nei lunghi giorni di convalescenza, quando esponevo il mio corpo nudo al maestrale del mattino: vento gelido e salsedine, così spessa da poterla leccare sulla pelle.

Offrirmi all'inverno del mare, senza difese, era il mio modo di non guarire troppo in fretta e prolungare quanto più possibile il dono di quei momenti. Adoravo spogliarmi con la finestra aperta e scivolare nelle scarpe coi tacchi alti. Indossare le gonne fiorate, i reggiseni da lasciare intravedere sotto le camicette sbottonate; imbottiti di tovaglioli e mutandine, per rimediare alla magrezza del mio petto. Le calze tenute su coi nastri dei capelli e le collane, a ciondolare giù dalle coppe rigonfie, una sull'altra; come cascate opulente di gerani, abbandonate al vuoto e allo stupore di chi le guarda per strada, oltre le ringhiere dei balconi.

Ricordo che il momento più atteso era quello che chiudeva il rituale del mattino, acconciatura e trucco. I fermaglietti con gli strass erano i miei preferiti; mi piaceva affondarli tra i riccioli scomposti dei capelli, lasciandoli sbucare qua e là, con la sorpresa di un luccichio improvviso; e poi stendere l'ombretto azzurro, quello coi brillantini: un cielo stellato, intorno ai miei occhi; e il lucido per labbra che odorava di fragola e rendeva la mia bocca ancora più rossa e carnosa.

Erano giorni di solitudine leggera, nei quali assaporavo il mistero dell'essere donna, rubando allo specchio i volti nascosti della mia bellezza. Ero così impaziente di vederla sbocciare e catturare sguardi che di sicuro l'avrebbero amata, com'era stato per le mie sorelle.

In quei mattini di meraviglia la mia immagine riflessa sembrava rispondere al mio richiamo, al bisogno di sentire che c'ero. Per una manciata di ore, il mio non era più un viso anonimo fra i tanti, uno dei quali le maestre faticano a ricordare il nome; né la coda della cucciolata, che arranca sull'asfalto coi libri in spalla, cercando di non perdere terreno. Ero io, per intero; nei miei piedi e nella mia ombra. Nei miei occhi e nella mia voce, io c'ero. Osservavo il mio crescere dimenticato e l'ancheggiare dei miei piccoli fianchi, troppo scarni per disegnare nell'aria le forme del mare; così li fasciavo di stracci e li lasciavo danzare, per vederli ondeggiare, vestiti di verde e d'azzurro. E poi via, di corsa, a sistemare tutto e lavare il viso; e indossato il pigiama farmi ritrovare a letto, con la febbre che riprendeva a salire. Nel calore delle coperte era dolce rabbrividire, e addormentarsi, ricordando i sorrisi del mattino.

Non so dire quali di quei passi abbiano segnato il mio destino fuori da quella stanza, ciò che è certo è che non ho mai smesso di cercare sguardi capaci di specchiare le promesse di quegli anni. Non è stato facile per me andare avanti con l'età. Ho dovuto lottare per rimanere dentro la mia pelle e non rinnegarla anch'io, come hanno fatto tutti quelli che amavo; e, nell'esilio del mio mondo, continuare a indossare brillantini e paillettes:

gocce di sole e di luna, pronte ad accendersi nel buio della notte; a mostrare ciò che, invisibile al correre del giorno, si fa bagliore irresistibile, per le falene smaniose di perdersi nel bruciare dei desideri più profondi.

Ma il gorgo oscuro che ho portato dentro, la vertigine febbrile del mio andare, è stato l'essere fiamma e falena che vi si lascia cadere; fuoco indomabile che, nel darsi, consuma la propria stessa carne. E da fiamma e falena, dentro un gioco di specchi, ho offerto e raccolto brividi a buon mercato e bocconi di felicità, ma posso dire di averlo fatto con onestà e amore.

Amore, sì. Perché puoi fingere desiderio o un piacere che non c'è, ma i sentimenti sono un'altra cosa e con quelli non puoi giocare. Sono una voce che ti parla, e urla, sotto le parole che senti e la pelle che tocchi; dietro gli occhi che, anche nell'oscurità più fitta, non riescono a nascondersi e chiedono. E quando ti guardano non puoi ignorarli, perché sai che in quegli occhi ci sono anche i tuoi. Allora sorridi a chi piange in silenzio, e morde i tuoi seni, sapendo che pagarti non può saziare la fame che lo porta da te. Dai coraggio a un ragazzo nel tremare della sua prima volta;

spendi carezze per spronare un uomo da niente a valere qualcosa, a dispetto del disprezzo che prova per sé; ti fermi ad ascoltare chi viene solo per parlare e sentirsi capito, senza pagare lo scotto delle proprie verità. Chi può comprenderne le inquietudini meglio di te.

Sì, ho dato amore e sorrisi, più del sesso che vendevo, anche quando non era dovuto; perché amore e sorrisi ho cercato, da sempre, e conosco il dolore e l'affanno di chi cerca senza trovare. Ma ho imparato che la vita è più spesso viltà e finzione, che onestà. Chi veniva da me non ha mai rivelato la mia esistenza tra gli impegni delle sue sere; il mio saper essere madre e padre, amica e amante; consiglio fidato e scrigno inviolabile di segreti impronunciabili. Io ero solo un cammino di libertà, un ponte sicuro, fra terra e stelle; per poche ore o una notte intera, il tempo non era poi così importante.

Ero il fiato da prendere per poter resistere al fumo delle menzogne, al soffocare dei fili che forzano i passi, in un mondo di pupi e pupari in cui a volte fa paura rinunciare ai tiranti che tengono in scena, anche quando l'essere agiti è un dolore che deforma il corpo e lo sguardo, togliendo senso all'essere vivi.

Il tratto di strada che ho scelto, per i miei fuochi di sterpaglia, si affaccia sullo Stretto di Messina. Una viuzza da niente, ritagliata in un cuore di grigiore e abbandono, ma con intorno tutto un mondo che si dispiega, gonfio di storia e promesse. La Madonnina che si solleva dalle acque, a proteggerti anche dai tuoi errori, con la sua mano spalancata sopra le case e le miserie umane: oltre le dita di una Falce che tiene il porto in un abbraccio, capace di custodire e lasciare andare.

E poi le navi. Le navi, coi loro ventri gravidi, che odorano di viaggio e di fuga; di vita che lascia tutto per aprirsi a nuova vita. Di domani che sorge, comunque, coi ritmi di sempre, a rischiarare la luna più buia e cattiva, addolcendo l'amaro che ti lascia in bocca. Le albe che ho visto sorgere, su questo spicchio di ferro e cemento, hanno lavato via dal mio animo ogni dolore terreno, restituendomi a un destino di eternità.

Ho amato così tanto questa città che, pur non appartenendomi, è diventata fibra della mia carne. È nella carne che l'ho vissuta e respirata, coi suoi incubi e sogni, con le storie che hanno popolato le mie notti insonni, rendendo la mia solitudine solo una delle tante che si affacciano su questo mare. Scuro di piombi e petrolio, o venato di verdi e turchesi, appena più in là lungo la costa: a stendere veli e reti di sole, tra le spirali dei pesci e quelle dei gabbiani.

Un mare che, a cercarmelo dentro, a volte mi somiglia. È maschio e forte, quando squassa la terra e la travolge facendola sua; ed è femmina sinuosa, quando si fa sirena che attira a sé, e avvolge di languore salato uomini e litorali, trascinandoli nel vortice delle sue profondità; dove il sublime e il più oscuro terrore si fondono in un unico pulsare, di smarrimento e abisso.

È il mare, coi suoi bollori di vulcano, a decidere le forme della terra, quando è tempo di farla sorgere o franare, quando essere cibo che nutre o mostro che divora. Mare che nasconde e prima o poi restituisce, tesori o bombe inesplose; scarpe migranti prese d'assalto e poi brucate, fino all'ultima scaglia d'osso, svuotate d'ogni sentiero, percorso e futuro.

Mare di ombre tremule e venti improvvisi, di odori che ti attraversano, fin dentro l'anima, per non lasciarla più. E allora sai di appartenergli, come una delle sue conchiglie o dei suoi scogli; e ti lasci percorrere e modellare, sospingere verso nuove rive, senza opporre resistenza. Diventi goccia nella corrente, cambiando forma e colore, ad ogni giro di marea. Perché è questo che il mare ti insegna, che tutto è onda e risacca; su un arenile inafferrabile, in continuo mutamento. La vita nasce e muore, si fa nuova: attimo per attimo.

E come la schiuma ruba grani di sabbia alle spiagge che lambisce così la malattia ha eroso il mio corpo, togliendogli forza e voluttà; poco per volta, sottovoce; senza farsi sentire. Di me è rimasta solo la nuda roccia; non ho più nulla da offrire e nulla da avere in cambio. Nulla mi rimane, di ciò che credevo fosse mio, se non il peso di questi giorni disabitati; come la mia carne, riversa su un letto di cartoni; su un marciapiede che ha ascoltato paziente il battere nervoso dei miei passi e, paziente, ancora, ascolta la mia amarezza immobile. Immobile è il mio osservare i piedi di questa città; le ruote delle sue macchine, dei passeggini, la scia degli aliscafi che lasciano il porto. Porzioni di orizzonte, schiacciato su uno sfondo che si fa sempre più piatto e sfocato; nello stridore di navi che strisciano i fianchi contro le invasature, per afferrarsi alla terra, segnando lo scorrere del tempo come rintocchi di campana. Un tempo antico, quello del mare; fatto di rotte in cerca di approdi. Derive. Interminabili attese.

E in questo mio sostare dentro una linea di confine, tra l'esserci e il non esserci, mi viene da pensare che la mia è una condizione che ogni essere umano dovrebbe esplorare; ma non alla fine, come sto facendo io: all'inizio della giovinezza. Gli basterebbe vivere solo una delle mie ultime settimane per rendersi conto che abita un mondo di vetro, in cui non c'è materia o tessuto che possa nascondere la sua nudità, e che il suo procedere eretto e sicuro sulle proprie gambe non è così stabile come crede. È facile involvere e tornare a farsi quadrupedi o rettili. Vermi, incapaci di sollevare la testa o lo sguardo. È cosa da poco; gli scenari del giorno sono rapidi a cambiare luci e prospettive, rimescolando ruoli e battute, a volte proprio sul finale: la maschera bifronte volge il passo e la felicità si fa tragedia, il tragico grottesco. Il comico patetico.

All'inizio del mio rimanere qui, a sedere in terra per la stanchezza, spalle al muro per ripararmi dal vento, a volte qualcuno si fermava a chiedere; lasciava del cibo o qualche spicciolo, una vecchia giacca da tenere addosso nei momenti di freddo. Io ringraziavo e appena potevo mi trascinavo oltre il mio riparo, in cerca del mare e del suo chiarore: quando si fa eco e orma di cielo, e ti sembra di poterlo afferrare con gli occhi e riuscire, anche solo per un attimo, a illuminare il buio delle tue stanze; a riempirle d'infinito, per colmare ogni vuoto di umanità.

Li ho visti passare spesso i vecchi clienti. Uno sguardo furtivo e via, per non farsi scoprire; per non rivelare in un gesto, o una parola di troppo, la verità del loro esserci stati; la paura di fare la mia stessa fine.

Il mio corpo è tornato a farsi invisibile, sotto gli occhi di tutti. Anche adesso. Mi passano accanto senza vedermi, volti conosciuti e mai visti. Gente vestita bene e ben curata, sicura del proprio mondo di muri e armature di carta; un mondo che conosco bene, in tutte le sue fragilità. Ha bussato per anni alla mia porta, trovando sempre ciò che chiedeva, ed ora che sarei io ad avere bisogno di aiuto volge lo sguardo altrove, distrattamente.

E io rimango dove sono, nel mio giacere ostinato e silenzioso. Non chiedo nulla, anche quando vorrei. A volte avrei voglia di un caffè e un cornetto caldo. Uno di quelli che prendevo la mattina al bar Porta Messina quando, finito di lavorare, sedevo ad uno dei suoi tavolini all'aperto. Anche in pieno inverno, mi piaceva stare in mezzo a quel viavai di gente che partiva e arrivava, prendeva qualcosa al volo e via.

Sedendo a quel bar, che pareva un porto nel porto, ho capito che non avevo bisogno di viaggiare per conoscere le facce del mondo. Passavano tutte da lì, bastava fermarsi a guardarle.

Un panino, una granita, e bocche che mordevano e ingoiavano. Silenzi da spogliare, storie da rubare. Visi, occhi e mani, a raccontare la vita, in un incessante brulichio di voci e passi; ancora adesso scivolano liquidi, tra le immagini reali e i riflessi della memoria. Come il sapore di quei caffè, troppo distanti

per le mie gambe stanche, ora che non ho più
la forza di muovermi per dire: ho fame. Ho
sete. Anch'io.

Anch'io, vivo.

Le piaghe sulla schiena mordono senza
sosta, come se i topi che mi sono intorno si
fossero spinti fino a scavarmi dentro. Le
ambulanze che un tempo arrivavano,
regalandomi ore di sollievo, non vengono più
a prendermi; non c'è più niente da salvare in
me.

E urlerei di rabbia, se avessi ancora fiato per
farlo. Nei miei giorni ho accolto e lenito tanto
di quel dolore che penso mi spetterebbe
sollevare lo sguardo e trovare una mano
gentile, un sorriso. Uno dei tanti che ho dato
via, che torna indietro per dirmi che non è
andato perduto; che niente, di ciò che ho
dato, è andato perduto.

Ma non c'è dignità per chi ha vissuto e
muore come me, non c'è riconoscenza.
Aspettano il mio andare, discosti, in silenzio.
Con le loro cravatte ben annodate, i
giuramenti di Ippocrate appesi alle pareti, e le
divise pulite, a vestire di tutela e rettitudine
offese e ipocrisie; nefandezze, consumate

nell'idea che chi si dà per danaro non merita rispetto e tutto è permesso a chi ha modo di abusarne o tirarsene fuori, quando è meglio non esporsi. Certo, non tutti sono così, ma quanti ne ho conosciuti. E quante cose potrei raccontare di loro, se solo qualcuno fosse disposto a tendere l'orecchio, per ascoltare più in profondità, oltre il riverbero di ciò che appare. Ma l'occhio umano tende a rimuovere ciò che è scomodo e sgradevole, ed io forse non ci sono già più; sono solo un alone sull'asfalto, l'ombra confusa di una realtà che sta cambiando luoghi e forme.

Oggi sono in pochi a stare per strada, come ho fatto io per anni, affrontando freddo e pericoli. Non c'è più nessuno qui la sera a camminare su e giù. Nessuno che venga a cercare le briciole dei pasti consumati, perché gli avanzi caduti in terra si scopano via, con il ricordo di pietanze e commensali. E tutto torna pulito e a posto, in attesa di un nuovo banchetto e di una nuova compagnia.

Questo io sono adesso, una manciata di briciole che attende di essere spazzata. So di non avere molto tempo ormai. La vista s'annebbia, l'udito scolora; la città si acquieta e inizia a tacere nell'intorpidirsi dei sensi. Anche l'odore acre di me inizia a farsi meno pungente. Solo il mare rimane, col suo richiamo. Ed io lo ascolto e attendo la fine del mio viaggio, col mio nome e la mia epigrafe scritti su un foglio di carta. Lo tengo stretto in pugno, perché chi verrà a raccogliermi possa trovarlo.

Da quest'angolo di luce guardo l'orizzonte, sentendomi già azzurro e nuvole. Foschia, che galleggia leggera sul mare, dimentica di tutto ciò che è stato. E un senso di gioia, e pace infinita, mi si allarga in petto, con un sentire nuovo e sconfinato. Come se quel cielo che ho rincorso per anni fosse venuto a cantarmi dentro. Forse era questo che chiamavo amore. Era questo che cercavo.

Sfioro il mio nome, stringendolo più forte tra le dita, è l'ultima carezza che mi resta. E mi rivedo a dargli musica, in una cucina vuota, col cuore colmo di speranze bambine; ma a pronunciarlo oggi non mi sembra più lo stesso; mi è molto più caro adesso che riesco a specchiarmici dentro, e a sorriderne, abbracciando tutta la mia vita.

Il mio nome e la mia storia, in un palmo di mano che si apre: Carmine, giardino di gemme e frutti mai fioriti; perenne attesa della primavera. Giòsue, guerriero sconfitto dalle proprie vittorie; pensava fosse da conquistare la Terra Promessa, ma l'ha solo devastata, tradendone la carne e i sogni di libertà. Maria l'amata, da sempre. Di un amore così profondo da non saperlo vedere; l'unico vero ponte tra terra e stelle che valeva la pena di percorrere.

Carmine Giòsue Maria. È scivolato tra i sassi del vivere come le onde del mare.

Una sirena d'ambulanza s'avvicina ed io prego che non sia venuta per me. Non voglio che mi portino via. Voglio restare qui. Invisibile, fino alla fine. È qui che voglio lasciare questa vita, sull'unica strada che sono stato in grado di percorrere. Qui. Un'alba ancora. Col mare negli occhi.

Iris -Il diario sepolto alle porte del tempo

Mario Oscar Venuti

Giorno 3650 dall'evento chiave – anno 2112 della nuova datazione

Sono passati dieci anni.

Inspiro aria salmastra a pieni polmoni e la emetto dalla bocca. Il vetro di fronte a me si appanna. Col dorso del guanto pulisco una striscia di questa fredda e levigata lastra trasparente. Ciò che s'intravede è il volto di una bella ragazza dai capelli corvini e dai grandi occhi nocciola con trentacinque primavere sulle spalle, solo che la luce che una volta aveva incastonata in questi occhi oggi è totalmente spenta. Il volto che appare, anche se stento a riconoscerlo, è il mio.

Fuori piove. Capita sempre più spesso che, per "ionizzazione", il tempo venga indotto a questo stato di pioggia. Ogni goccia ingiallita viene filtrata dalla "cupola" e acquisisce quella caratteristica acidità che non ti invoglia a uscire per strada con queste giornate. Per fortuna o per sfortuna ormai sono controllate anche loro, per cui sai già in anticipo quando accadrà. Dicono che serve per eliminare una buona dose percentuale di tossicità dall'aria che respiriamo. Peccato che le persone non s'interrogano sui danni che queste gocce d'acqua contaminate procurano alla nostra madre terra una volta assorbite dal sottosuolo.

Cecità. A questo ha portato tutto ciò. I pochi viventi puri rimasti non si pongono più domande. Non vedono al di là del proprio naso. Preferiscono restare immersi nella più cupa ignoranza senza sapere. Forse perché dentro la parola "sapere" ormai si racchiude la parola "rivoluzione", un'ideologia molto più scomoda per tante persone e per troppe coalizioni. Qualcosa che solo in pochi sperano porti a un radicale cambiamento. Come già avvenne la prima volta. Ciò che, purtroppo, l'umanità non ha saputo in tempo e che non avrebbe mai dovuto sfuggire al controllo dei più alti vertici mondiali è stato proprio "l'evento chiave", cioè il cambiamento totale della faccia del mondo.

Sono passati dieci anni.

In tutto questo periodo ho visto mutare la storia. Ho visto interi imperi economici collassare su se stessi. Le più imponenti potenze militari in ginocchio a pregare, sperando in un miracolo. Il clima, la vegetazione e la topografia del mondo sono talmente mutate da rendere irriconoscibile questo nostro pianeta. Ciò che è peggio, però, è che anche le persone sono mutate. Da lontano sembrano come noi. Camminano, parlano e si muovono normalmente ma, se avete modo e ve ne lasceranno il tempo, controllateli. Sorprendeteli e fate in modo che si girino di schiena. Al centro della colonna vertebrale vedrete la loro aberrazione e capirete la differenza che ormai ci separa da loro.

Gli umani dagli alieni.

O per come noi li abbiamo ribattezzati "i likeni".

Purtroppo, dentro di loro non vi è più neppure la più piccola oncia di umanità residua a cui poter fare appello. La cicatrice sul mio fianco sinistro ne è una prova inconfutabile e me lo ricorda ogni volta che ci poggio la mano o mi guardo allo specchio.

Mai abbassare la guardia con loro, con chiunque di loro.

Comunque, anche volendo, queste mie raccomandazioni mentali non servirebbero, perché non potrei mai dimenticarlo.

I miei pensieri vanno a Tommy.

Il grande amore della mia vita trasformato nell'odio di una non vita. Ripenso al periodo dell'Accademia. A tutto ciò che mi ha insegnato e che abbiamo fatto insieme. Le fughe da un dormitorio all'altro nonostante le note di demerito del tenente istruttore. Tutte le volte che si è dovuto mettere nei guai per coprire me. Il nostro amore visto così male per gli anni che ci separavano e per il luogo dove è sbocciato ed è stato coltivato. I primi lanci d'alta quota, insieme in addestramento, abbracciati a baciarci a più di quattromila metri d'altezza in caduta controllata.

Potrei continuare per ore e riempirei tutte le pagine di questo mio diario. Devo invece essere realista e pensare, per ora, solo al bene del mio gruppo. Ovviamente penso anche a un modo per fargliela pagare a quelle maledette "spore", così da compiere qualcosa che possa definirsi un bene per l'umanità, o almeno per la parte rimasta dopo la "germinazione".

"Iris ci siamo! Si stanno muovendo!"

David è i nostri occhi e le nostre orecchie. Tutto ciò che accade, in un ampio raggio di due chilometri, attraverso le sue tecnologiche diavolerie computerizzate, a lui non può sfuggire. Era un'ingegnere elettronico e del suono, tra i più bravi. Nato anche lui a Nuova Messina, come molti di noi, ma poi trasferitosi a lavorare a Etna City, la capitale del Regno di Sicilia. Dopo il periodo della grande depressione, la Sicilia, per la sua particolare natura e lo Statuto speciale di cui godeva dai tempi antichi, decise di espandere la sua egemonia fortificando il territorio dall'interno. Con fatica riconquistò la sua totale autonomia sia economica che militare, congestionando l'apparato finanziario mondiale attraverso importazioni ed esportazioni esclusive e mirate ad alcuni prodotti unici della nostra terra e alla bassa manovalanza. Tutto ciò, però, necessitava di un controllo totale. Più autarchico e minuzioso. Un controllo quasi ossessivo di tutto il regno. Così gli alti prelati del Concilio Meridiano costituirono il più duro, feroce e operativo gruppo armato all'avanguardia che sia mai esistito, il M.O.S., "Mediterrean Offensive Strikeforce". E vi garantisco che non esagero quando parlo di questo speciale corpo di forze armate. Li conosco bene. Io ero una di loro.

È per questo che sono anni che sto scrivendo questo mio diario. Perché un giorno qualcuno lo trovi in uno scaffale. Lo raccolga dalla polvere. Lo sfogli e lo legga, possibilmente ad alta voce, per diffondere queste conoscenze, questo verbo, questa mia inconfutabile realtà. Affinché la storia, la nostra storia di vita, venga ricordata e tramandata. Affinché non si perda il ricordo di ciò che è stato, di ciò che doveva essere e di ciò, invece, che purtroppo è. Per far sì che un giorno non troppo lontano, con forza e speranza, si possa ricominciare a vivere liberi, come un tempo, uniti come un sol popolo. I veri abitanti del pianeta terra.

Da queste pagine ingiallite si apprenderà come la verde e florida Sicilia sia mutata così profondamente. La nostra bella isola, dopo le decisioni del giorno di quel maledetto conciliabolo, divenne un'unica grande fortezza circondata dal mare. Tutti gli accessi, gli approdi e le aree di volo furono interdette e monitorate costantemente. Chiunque avesse voluto entrare o uscire dall'isola avrebbe potuto farlo solo passando, attraverso mille controlli diversi, dalle Grandi Porte, cioè le storiche porte d'accesso alla vecchia città di Messina, il suo porto o il suo ponte.

Questo avveniva prima. Quando il mondo manteneva in parte ancora un suo aspetto "normale". Quando gli unici abitanti della terra erano i terrestri. E quando, anche se in modo sbagliato, le scelte di ciascuno erano dettate dalla propria testa. Nessuno mai ci aveva privato della libertà. Finché non giunsero loro.

Cioè appunto, prima che arrivassero le "spore" e distruggessero buona parte del pianeta.

"Ok gente, iniziamo la festa!"

Con aria spavalda, come sempre, do l'ordine al mio gruppo di muoversi. Bisogna eseguire un piano, preparato per tre settimane di fila, fin nel più piccolo particolare. Normale routine per le persone che ho al fianco ormai da diversi anni. Eppure, anche se io, fra tutti, dovrei essere quella più decisa e impavida, provo paura.

Non l'ho mai detto a nessuno delle persone presenti che ho imparato a conoscere ormai da tempo, ma so che darebbero la loro vita per me. Eppure certe emozioni restano racchiuse in me. Solo Tommy sapeva.

Sapeva che prima di una missione, di un salto nel vuoto, di uno sbarco in corsa per un addestramento, prima che l'adrenalina entrasse realmente in circolo nelle mie vene, io restavo paralizzata. Avevo una paura fottuta.

Il tutto durava qualche minuto, anche meno. Poi riuscivo in qualche modo a sbloccarmi e a riprendere il controllo di me stessa. Lui però mi diceva sempre che anche i secondi in una possibile guerra sono cruciali: "prima o poi ritarderai quel mezzo minuto di troppo e la tua stupida paura ti farà ammazzare".

Meschino bastardo. Lo so che parlava così solo per spronarmi. Maledizione! Purtroppo aveva ragione, ma non posso farci niente. Sembra come se per pochi istanti io debba ancora prendere coscienza della situazione di pericolo che si prepara a esplodere. Come se dentro me si caricasse un programma capace di infondermi coraggio. Fino a quando però quel "programma" non è del tutto in circolo nel mio cervello e nelle mie sinapsi io resto in standby e pericolosamente esposta ad ogni rischio.

Mi conosceva bene, anche troppo, e quello che più odio è che oggi usa questa conoscenza per fermarmi.

"David, tu e Pam salite sul tetto e tenete il perimetro sotto controllo. Voglio il contatto aggiornato costantemente con tutto il gruppo. Non dovete farceli arrivare alle spalle e se notate qualcosa di anomalo, anche solo un barbone che non dovrebbe essere dov'è, avvertite e batteremo subito in ritirata! Preferisco passare per codarda oggi e fregarli domani che non riuscire più a fregarli perché sotto terra! Greg, Clelia e Bart, voi ci precederete e appena anche l'ultimo cargo sarà lontano dalle Porte Transponder, li bloccherete con i distorsori di segnale, restando il più al coperto possibile ma pronti a far fuoco. Omar, tu e il tuo gruppo sarete con me all'assalto diretto dei mezzi di trasporto. Ricordate, tutto si deve svolgere entro e non oltre l'isolato dopo il vecchio bar Caffè Porta Messina. Quello è il nostro limite perché, girando l'angolo, l'effetto dei distorsori potrebbe non essere più efficace e non avremmo più copertura dall'alto. Dobbiamo essere rapidi, silenziosi e spietati, come lo sono loro. Sappiate che le vite di molte persone che contano su di noi sono legate al recupero degli approvvigionamenti che trasportano quei bastardi. È tutto chiaro? Ci sono domande? Bene, allora come sempre in culo ai likeni!"

Tutti mi guardano fieri. Con orgoglio poggiano il loro sguardo su di me senza bisogno di dire nulla. È inutile aggiungere parole a ciò che è fin troppo chiaro. Anche se io al momento non riesco a ricambiare i loro sguardi. Per un attimo mi perdo nel mio passato.

Ricordo tutti i doppi caffè nostrani che prendevo in quel bar "Caffè Porta Messina". Restava aperto sino a tardi e quando avevamo la libera uscita, forse richiamati dal profumo del mare poco distante, ci ritrovavamo tutti lì. Ogni sera andavamo in quel posto che tanto aveva conservato della vecchia era e che, grazie alle luci gialle soffuse, ci permetteva di trascorrere intere serate immersi nei racconti, nelle storie e nelle vicende personali e bizzarre di ciascuno di noi, proprio per la particolare atmosfera di cui quel luogo era pregno.

A metà fra antico, quasi dimenticato, e semirecente, ma guai a definirlo nuovo. I proprietari ci tenevano particolarmente alla secolare tradizione del loro bar e, più in generale, alla storia di tutta quella Zona Porta Messina. Evolutasi e arricchitasi, sin da prima della colonizzazione greca, durante la vecchia era, oggi, mediante il suo porto, rappresenta una delle più grandi e importanti aree portuali di tutto il Mediterraneo. Di sicuro impatto economico, soprattutto perché favoriscono i trasporti, sono anche la sua stazione e la particolare posizione geografica del bacino naturale che la caratterizza. Quest'ultimo forma una falce, simbolo minaccioso di morte e di mietitura. Infatti il nome siculo originario della città era "Zancle" appunto" falce", per richiamare la forma del braccio portuale.

Proprio in quel bar Porta Messina, seduti agli sgabelli o ai tavolini interni ed esterni, si faceva a gara a raccontare le cose più strane o i ricordi più strappalacrime, quasi sempre legati alla nostra infanzia. E mentre il barman continuava a versare il suo magico caffè o del buon vino a tutta la comitiva, c'era sempre qualcuno che si aggiungeva all'ultimo minuto e offriva l'ennesimo giro di bevute a tutti i commensali.

Quelli erano i momenti dove l'azione veniva messa da parte. Dove la nostra umanità era più esposta. Dove non erano i militari che parlavano di guerra ma le persone che parlavano di vita, d'amore e di morte. Momenti che non torneranno più. Attimi andati in un batter di ciglia come la nebbia di questo ricordo sfumato che già pian piano si accovaccia in un angolo remoto della mia mente e, com'è arrivato, scompare.

In altri tempi, comunque, esisteva una cattiva nomea che gravava sui Messinesi. Cioè che parlavano troppo, pavoneggiandosi, e poi non concludevano granché. Le persone, invece, che durante le varie missioni rischiano la vita ogni giorno con me e per me sono di pochissime parole. Il Signore opera per vie misteriose e mi ha voluto fare incontrare ciascuno di loro in modo bizzarro. Una cosa è certa, sono persone cha fanno fatti, le parole le lasciano agli altri. Con loro mi sento sicura e mi basta uno sguardo. Basta un piccolo segnale per ricordare un piano, come adesso, e tutti mi capiscono al volo senza neanche scendere nei dettagli.

Pamela e David sono inseparabili e sono i migliori hacker informatici di cui dispongo. Se sorvegliano loro la situazione dall'alto, allora posso stare tranquilla senza aspettarmi brutte sorprese.

Greg era un musicista, una volta. Ha quelle dita così sensibili capaci di suonare a meraviglia qualsiasi strumento e, mediante la musica, "scoperchiarne" l'anima. Oggi quelle stesse dita e quella sua sensibilità d'orecchio musicale sono diventate delle armi di distruzione. È un cecchino infallibile. Con il suo Ballista Sniper Rifle modificato, è capace di colpire una prugna a millecinquecento metri di distanza.

Greg, Clelia e Bart sono molto affiatati e si sostengono a vicenda. Pensate che loro erano due dei suoi migliori studenti all'Accademia musicale. Sì, Greg era un integerrimo professorino mentre oggi fa scuola di morte insegnando l'omicidio. Davvero un grande passo in avanti!

Omar e il suo gruppo sono gli unici a non essere nativi di Nuova Messina. E neppure della Sicilia a dirla tutta. Sono libanesi. Approdati alle nostre frastagliate coste tanti decenni fa e instradati, quasi da subito, a vivere la vita alla buona, sfruttando le capacità di ognuno di loro e la meschinità di un sistema deviato dove le classi dirigenti la fanno da padroni nei confronti delle classi intermedie. Loro, infatti, hanno appreso l'arte del furto, del mendicare e, i più fortunati, si sono dedicati all'assistenza per gli anziani.

C'è pure chi si è procurato un impiego dignitoso e chi, come Omar, ha sfruttato la sua evidente e inconfondibile corporatura per procacciarsi un lavoro. Quando ti si pone davanti un gigante mulatto di quasi due metri, per oltre cento chili di peso, completamente pelato e con due boccole ai lobi delle orecchie in puro stile pirati della vecchia epoca, se possiedi un locale e sei saggio, lo ingaggi subito come butta fuori. Nella migliore delle ipotesi potrebbe fare anche la guardia del corpo a qualche personaggio facoltoso.

Lui e il suo gruppo possiedono davvero una gran forza, non solo fisica, ma anche di volontà. Nonostante tutto, sentono propria questa guerra e si batterebbero fino alla morte, se necessario, o se dovessi chiederglielo io.

Siamo pronti.

Sento l'adrenalina che sale veloce e si propaga nei miei arti. Tutti sono ai loro posti. I convogli stanno sfilando uno ad uno sotto di noi. Loro non sanno che siamo lì e possiamo vederli. L'effetto sorpresa sarà cruciale. L'idea è quella di tagliare fuori il primo convoglio e gli ultimi due da quelli centrali perché, di sicuro, sono quelli militari e con gli armamenti. Dobbiamo colpirli duro e veloce e destabilizzare le loro sicurezze. Tutto questo mentre un altro mio gruppo si occupa dei due camion centrali, cioè quelli pieni di provviste. Io sarò con questi ultimi. Omar guiderà invece i distruttori e i guastatori. Un solo passo falso e saremo nei guai.

Sento di aver pensato a tutto. Sento di aver spiegato talmente tante volte questo piano e tutte le sue possibili variabili da essere strasicura che nessuno sbaglierà il proprio ruolo e la propria parte. Sento tutto questo eppure avverto anche che qualcosa non va.

Tommy mi diceva sempre che ero paranoica quando avevo queste sensazioni. Quando accadde però l'attacco in massa per il "raccolto" e lui subì ciò che subì, diventando quella cosa inumana, mi disse, con l'ultimo filo di voce, mentre era ancora cosciente, di ascoltare sempre il mio "settimo senso" perché mi avrebbe portato lontano. Già, disse proprio così. Per lui avere il sesto senso era pura casualità e poteva capitare a molti, mentre il "settimo senso" che, mi diceva, possedevo, era infallibile e riuscire a usarlo a piacimento, come facevo io, aveva dell'incredibile, del miracoloso. Questa sensazione mi è sempre nata dalle viscere, non dalla testa o dal cuore, e mi ha sempre messo in guardia. Mi ha aiutato negli anni con le mie scelte e decisioni più importanti anche se mi ha fatta sempre sentire diversa. Come se fossi a un livello di evoluzione un gradino superiore agli altri.

Ci volle tempo, ma con gli anni scoprii che era vero.

Nonostante il mio livello di preparazione fosse ancora iniziatico, in quanto certe capacità necessitano di costanza, di autocontrollo e di una guida, io scoprii che non ero sola. Nel mondo, infatti, vivono e si mescolano alla popolazione altre persone straordinarie che hanno un dono come me. Alcune ci sono nate così speciali, altre invece lo sono diventate crescendo, poco dopo la pubertà. Ho letto, ho studiato, mi sono informata molto in questi anni e ho conosciuto pure qualche strano professore che diceva essere a conoscenza di certi progetti speciali per l'evoluzione di alcune capacità particolari come la mia. Ho sentito anche delle strane voci secondo cui le radiazioni dei "likeni" hanno sviluppato, in una piccola percentuale di noi terrestri, queste particolari doti che, per attivarsi, hanno bisogno di un periodo più o meno lungo di "incubazione". Altre fonti invece parlava di un complotto mondiale ordito ai nostri danni molti secoli fa; secondo queste, i maledetti "likeni", erano già giunti sulla Terra, infiltrandosi man mano in alcune posizioni chiave dell'organico burocratico terrestre e manipolando a piacimento alcune leggi ed alcuni esperimenti segreti. Questi erano tutti incentrati sull'evoluzione della specie e sulla ricerca di altre forme di vita al di fuori del nostro pianeta(Terra e quindi sulla possibilità non solo di incontrare, ma anche di interagire e, chissà, unirsi ad un'altra specie evoluta, una specie aliena, al di là del sistema solare.

Mai e poi mai potevamo sapere così drasticamente quanto semplicistica fosse la nostra ideologia di "fare conoscenza" con altre specie. L'Universo è pieno zeppo di altre forme di vita senzienti e, fin quando tutto nel loro pianeta filerà liscio, ci si deve augurare di non incontrarle mai perché, se così non fosse, bisognerebbe prepararsi a un'invasione in massa volta a depredare e conquistare tutto ciò che si pone davanti al loro cammino, come purtroppo è avvenuto con il nostro bel pianeta, oggi fonte solo di risorse e approvvigionamenti per questi esseri.

La nostra remota parte dell'Universo è considerata dai "visitatori extraterrestri" la più giovane. Noi ci stupiamo, nel nostro mondo, dinanzi reperti archeologici che hanno milioni di anni e invece siamo dei novellini in confronto a loro. Infatti, noi per loro siamo ciò che si può definire, con un concetto terrestre, degli "australopithecus" del periodo preistorico.

Eppure, se sono vere le voci sentite e raccolte in tutti questi anni, sembrerebbe che chiunque arrivi qui da "oltre le stelle" provi un macabro piacere a pasticciare con i cromosomi e i DNA terrestri, mischiando varie specie esistenti per poter creare una sorta di razza alternativa o di arma vivente o semplicemente degli "scarti" da utilizzare come animali domestici. Ebbene sì, nonostante considerati "inferiori" siamo sempre stati, nel corso dei secoli, di estremo interesse per tutti questi alieni.

È solo interesse scientifico o da qualche parte nel loro subconscio ci temono? Di certo io non sono asservito ai loro bisogni, ma alcuni istinti animali, in effetti, mi accorgo di possederli ed è per questo che combatto, da non so più quanto tempo, per non essere mai sottomessa. Tutto ciò, la mia evoluzione non solo fisica, di sicuro dipende da queste particolari doti che pian piano sto imparando a sviluppare e che cerco di mettere al servizio della resistenza per poter un giorno recuperare il pianeta Terra e ridarlo in mano ai suoi veri abitanti, gli umani.

Con la presa di coscienza e lo studio ho capito che ci sono diversi ceppi di "potere", legati intimamente alla struttura corporea di ognuno di queste persone speciali che, in linea di massima, o quanto meno i principali per importanza, possono essere identificati nei precognitivi, nei manipolatori, nei distorsori, nei disgregatori, nei fiutatori, nei creatori, nei sanatori, negli illusori e negli affini.

Nove "razze" diverse, se così si possono chiamare, con diversi livelli di poteri, o per meglio dire capacità eccezionali, accomunate tutte dall'incapacità di usare a pieno queste facoltà perché di base ognuno di noi dovrebbe essere seguito da un "catalizzatore". Quest'ultimo non è altro che il primo di ciascuno di noi. Colui il quale per primo ha avuto modificato il proprio DNA mischiandolo a quello degli alieni, o di altre razze, e che da loro è stato instradato all'uso di tali particolari capacità.

Forse però è un bene che nessuno di noi ne conosca uno. Ancora.

Proprio vista la grande quantità e varietà di queste "anomalie" si pensa che la vera invasione ha avuto inizio molti anni fa, solo che nessuno di noi ha potuto mai immaginarlo. Quelle maledette "spore" hanno fatto un ottimo lavoro preparando il terreno per la loro venuta, conquistando pian piano, dall'interno di ogni settore, tutte le principali cariche elettive mondiali e manipolando geneticamente alcuni di noi affinché diventassimo, al loro arrivo in massa, le loro principali armi, i loro "arconti della guerra".

Così è stato per molti ma, per fortuna, non per tutti e questo, ormai, non è chiaro solo a me o alle mie sensazioni, ma a chiunque faccia parte della resistenza.

Queste mie sensazioni, infatti, ancora oggi mi guidano quando sento che qualcosa non quadra perché le fitte allo stomaco non mi danno pace. Oggi è uno di quei giorni.

Mentre mi arrovello/arrovellavo sulla situazione e indago/indagavo sui miei strani pensieri, iniziava l'attacco in grande stile da parte dei miei compagni. Mediante i "riflettori", uno strumento utilizzato per disturbare tutte le fonti elettriche e magnetiche, ogni convoglio si fermava non riuscendo più a ripartire e, nella migliore delle ipotesi, in caso della presenza di armi non schermate diverranno anche queste inutilizzabili.

I ragazzi di Omar si danno un gran da fare e con semi-automatici pesanti, utilizzando proiettili perforanti, iniziano il loro personale concerto sul primo e l'ultimo mezzo dei "likeni".

Proprio quello fu l'attimo che cambiò tutte le carte in tavola e che diede conferma ai miei peggiori timori.

Il nostro gruppo non era più al sicuro. Qualcuno aveva parlato e dovevamo scoprire chi fosse, al più presto. Infatti, appena colpiti i mezzi da trasporto, iniziano a diffondere uno strano gas azzurrino dal sapore acre.

"Attenzione! È etere solforico! Presto! Indossate tutti i filtri nasali o resterete paralizzati!".

Come per magia, il mio cervello ha metabolizzato la paura iniziale e la mia adrenalina ha filtrato lo stato d'ansia in circolo nel corpo per proiettarmi direttamente dentro l'azione. Adesso, quell'ipotetico file del coraggio e di una certa aggressività che mi si è aperto in testa sembra essere stato completamente caricato nel mio sistema biologico e gira alla perfezione.

Molti non sanno che l'etere solforico è altamente infiammabile. Averlo utilizzato per fermarci ora potrà ritorcersi contro quei maledetti mostri. Dai mezzi blindati centrali fuoriescono degli squadroni della morte. È stato ribattezzato così un ceppo di "likeni" difettoso o, per meglio dire, quegli involucri umani il cui "settaggio" non avviene completamente, forse perché più riottosi o semplicemente con maggior ferrea volontà, così che per essere addomesticati per bene gli alieni hanno dovuto ricorrere ad una parziale chirurgia cibernetica.

Questi "tecno-likeni" infatti non presentano più alcun tratto di umanità essendo per buona parte fusi con macchine. Sono stati integrati con parti metalliche e processori bioelettrici a doppia velocità. Hanno dei tempi di reazione molto più veloci di qualsiasi altro soldato. Sono più resistenti, più forti e mille volte più devoti alla loro causa. Però hanno un difetto non da poco. Sono infinitamente più stupidi. Dipendono molto di più dal cervellone centrale che invia a tutti i suoi capillari periferici gli input comportamentali, di movimento e d'azione. A differenza degli altri "*likeni*", infatti, sono molto meno liberi in quanto ad espressioni e iniziativa.

Questo è un bene per noi. Comportandosi come un unico blocco, si muovono e attaccano con grande forza, ma concentrata in un solo punto. Le pallottole fischiano veloci, il rumore è assordante e mentre iniziano anche loro a sparare sui miei ragazzi io, con una molotov artigianale vecchio stile, cerco di riequilibrare la situazione.

"Buttatevi a terra! Tutti giù!"

Così coloro che avevano azionato in tempo i filtri nasali e non riversavano a terra in preda alla paralisi per il gas emesso dai "*likeni*" si ritrovarono comunque a terra per il mio ordine. Direi, anche, appena in tempo, visti i risultati.

L'esplosione causata dalla molotov di per sé non è il danno maggiore, ma l'onda d'urto della fiammata, che a raggiera si è propagata cavalcando l'etere solforico; ha letteralmente invaso tutta la zona dove si stava svolgendo l'azione, per un intero isolato.

Le fiamme hanno coinvolto anche i pochi alberi rimasti in zona. Il caratteristico fuoco azzurrino, ora, come un manto di leopardo, invade quasi tutta l'area.

Grazie a questa deflagrazione non prevista, le sorti di questa battaglia ora paiono più riequilibrate. Buona parte dei "*tecno-likeni*" è in fiamme o *impossibilitata a muoversi e la restante parte viene spazzata via, come grano maturo durante una mietitura, dai miei ragazzi. Ancora pochi istanti è la vittoria sarà nostra.*

"Iris, vedo del movimento agli infrarossi da sotto un camion! Ci deve essere qualche uscita d'emergenza e qualcuno sta provando a scappare!".

"Ok David! Io, in mezzo a tutto questo fumo ho qualche difficoltà di visuale. Riesci ad avere un'immagine più nitida per sapere chi sta cercando di scappare e dove?".

"Purtroppo neanche io ho la visuale del tutto pulita, ma dai parametri vitali e da come si muove non è affatto un tecno-likeno! Penso sia uno dei comandanti di fanteria. Comunque, si dirige ad est. Torna indietro tramite i vicoli fino a ritornare al palazzo del Caffè Porta Messina!".

"Cazzo, deve essere il destino! Ok allora io lo inseguo a piedi, ma lascia tutti i canali di comunicazione aperti e metti al corrente Omar della situazione, appena avrà finito di depredare tutti i convogli rimasti illesi, ovviamente!".

"Ricevuto capo!".

"David, non chiamarmi capo!".

In mezzo alla confusione intravedo Omar e gli faccio un cenno. Lui intuisce e tanto mi basta. Così mi fiondo nei vicoli iniziando la mia ricerca. Quella sensazione che mi ha accompagnato per tutta la missione è ancora lì presente. Si muove nelle viscere e si fa strada sino al cervello. C'è sempre qualcosa che mi dice di stare attenta. Io puntualmente, inebriata di adrenalina, la ignoro. Forse, stavolta, non avrei dovuto.

All'Accademia ci insegnavano a essere pronti a tutto, a uccidere, a cavarcela nelle peggiori situazioni. Ci insegnavano a non abbassare mai la guardia tant'è che tutti noi eravamo sempre "tirati" come corde di violino. Non riuscivamo mai a rilassarci davvero tranne quando entravamo in qualche bar per la libera uscita.

E a proposito di bar eccomi arrivata davanti a quello che forse negli anni è stato il più rappresentativo per la nostra compagnia e non solo, oserei dire per l'intera città. Il Bar Porta Messina.

Le tracce del "likeno" fuggito portano qua. Ho notato da alcune impronte sul terriccio che porta stivali di ordinanza. Per intenderci, quelli rinforzati in dotazione ai gruppi speciali paramilitari. Ciò può significare solo guai.

Il palazzo che ospita il bar ormai è abbandonato da parecchio e il portone d'ingresso è stato divelto da qualche grossa esplosione negli anni scorsi. Miracolosamente la porta del bar è rimasta intatta. Oggi però è socchiusa.

Una delle cose che ricordo con maggior chiarezza, appresa durante gli allenamenti al campo militare del "M.O.S.", è l'arte della dissimulazione. Vedi una cosa dalla tua posizione che ti porta a pensare automaticamente in un certo modo ma è una finzione perché è stato già tutto calcolato, in quanto è esattamente la cosa opposta a te di cui ti dovresti realmente preoccupare.

Questo pensiero in effetti mi ha assalito appena messo piede nel bar. Poca luce. Pochi nascondigli. Troppo ordine. Polvere e decadimento. La penombra non aiuta. Per un istante un lieve luccichio si riflette sul bancone d'ossidiana del bar. Avevo ragione.

Mi giro d'istinto alzando il calcio del fucile e solo questo mi salva da una lama "Bowie Venom" rinforzata al diamante. La parte seghettata s'incastra con il calcio della mia arma e mi chiedo cosa ne sarebbe adesso del mio viso se non avessi avuto l'istinto di coprirmi. Con la gamba destra calcio in avanti con tutta la mia forza e sento rumore di costole incrinate. Il "likeno" viene sbalzato su alcuni tavolini finendo rovinosamente a terra. Non ho il tempo di recuperare il suo coltello così lancio il fucile dietro il bancone del bar ed estraggo la mia Glock Parabellum ma un *secondo troppo tardi. Quel maledetto è già fuggito lanciandosi da una finestra che dà sulla strada.*

Mi precipito fuori e faccio appena in tempo a vederlo entrare nel palazzo adiacente.

"Iris, ti comunico che l'operazione è pienamente riuscita! Abbiamo già effettuato lo sgombero dell'area e Omar, con un paio dei suoi, sta convergendo verso di te! Spero che sia tutto ok lì".

"Beh, David, ti dirò che quel likeno è un osso piuttosto duro. Sono ancora al suo inseguimento. Sto per entrare nel palazzo abbandonato adiacente al Bar Porta Messina. Comunica la mia posizione a Omar e digli di presidiare l'area mantenendo il silenzio radio. Se quel bastardo, non so come, riesce a fuggire voglio che lo catturino vivo. Ci sono un paio di cose che devo domandargli gentilmente".

"Ok, ma ti prego, stai attenta!".

"Come sempre, no?".

Chiudo la comunicazione, ma non posso fare a meno di notare il tono preoccupato del mio buon amico David. In effetti, ciò che non ho detto, è proprio il motivo per cui voglio sbrigarmi questa faccenda da sola. La tecnica, l'equipaggiamento e la preparazione di questo "likeno" mi fanno pensare a un membro effettivo del "M.O.S." e questo vuol dire che non sarà per niente facile catturarlo.

Aziono il mirino laser e con la pistola puntata entro da una breccia del portone. Due rampe di scale si incrociano sulla mia testa. Una delle due parzialmente distrutta. Varie porte si affacciano sui pianerottoli adiacenti le scale. Ne conto sei a destra e otto a sinistra. Il palazzo presumibilmente è pericolante ma ciò non è stato segnalato. Spero di non doverlo scoprire proprio io nel modo peggiore.

Decido di prendere la via più difficile da percorrere. Se è come immagino, noi dei corpi speciali lasciamo agli altri la convinzione che la via di fuga più semplice sia la più sicura. Alle volte è proprio l'accesso più impervio a salvarti la vita e a fare la differenza.

Salgo sulla rampa di sinistra camminando adiacente al muro. Parte della scala è crollata ma esistono ancora alcuni travetti spezzati che possono essere utilizzati come appoggio. Rinfodero l'arma perché devo aiutarmi anche con le mani in certi punti più pericolanti da scalare come si fa nel free climbing. Riesco ad arrivare sino al terzo piano. L'ultimo prima del piano terrazzato. Un piccolo palazzo di normale consuetudine edile per queste costruzioni rimaste ancorate ai vecchi ricordi di un'era ormai scomparsa, le cui ultime vestigia rimaste sono state trasportate nei musei dove ancora macchine olografiche ne narrano le tradizioni e le leggende.

Le porte del pianerottolo sono tutte aperte. La uno, la due o la tre? Peccato non sia un gioco a premi. Qui, o vinci o perdi, comunque è la morte che aspetta qualcuno di noi. Scarto le porte laterali e mi fiondo entrando con una capriola in quella di fronte. Mentre ruoto su me stessa in automatico estraggo la Glock ma quando atterro su di un ginocchio l'appartamento è vuoto. Noto però che una breccia sul soffitto fa filtrare la luce dal piano superiore del terrazzo. Qui i tetti sono più alti del normale e ci vorrebbe un acrobata per colmare la distanza di questi cinque metri. Avanzo con cautela e passo da un "ambiente giorno" dato dal salone e dalla cucina ad un "ambiente notte" dove sono raggruppate le stanze da letto. Anche qui uno squarcio del soffitto permette di intravedere il piano superiore, che affaccia sulla terrazza del palazzo. Macerie accatastate smorzano un po' la distanza fra il suolo e il piano superiore. Qui la salita potrebbe essere meno rischiosa.

"Iris, mi ricevi? Sono Omar".

La voce inaspettata alla radio mi fa trasalire. Troppo concentrata. E troppo stupida vista l'occasione che ho appena offerto e che "lui" coglie subito.

Uno stiletto con l'impugnatura in madreperla mi trafigge la spalla sinistra. Il mio urlo di dolore *riecheggia nell'edificio. Quel bastardo è ancorato al soffitto con le gambe e pendendo con il corpo a testa in giù è riuscito a centrarmi con il suo pugnale. Ha fatto però due grossi errori. Primo, lanciandomi questo tipo di stiletto si è scoperto. Solo due persone al mondo ne possiedono uno. La prima sono io e il secondo è Tommy. Proprio il "likeno" che sto inseguendo. Secondo, non avermi ucciso quando poteva gli costerà caro.*

I nostri sguardi si incrociano. Anche se ha il viso coperto noto lo stupore nella sua espressione. Lui sa che non mi fermerò stavolta. Adesso la caccia è aperta.

"Omar, giuro che la prossima volta che non mantenete il silenzio radio che vi ho ordinato, vi prendo a calci in culo!".

"Scusami, Iris. Siamo solo preoccupati per te perché, dalle analisi di David, sei in un ambiente parecchio destrutturato e potrebbe crollare da un momento all'altro. Siamo anche un po' stretti con i tempi, Iris. A quest'ora il segnale silente ha già raggiunto la centrale e, a breve, un nuovo plotone di likeni, ben più equipaggiato, ci potrebbe piombare addosso. Sei sicura che ne valga la pena dopo quanto ottenuto?".

Come sempre, dietro la facciata di quell'omaccione muscoloso, c'è un'anima, una sensibilità e una testa che mi portano a riflettere e mi fanno capire che oggi i veri eroi sono le persone che dimostrano di avere un cuore.

"Datemi cinque minuti, ok? In qualsiasi modo andrà, fra cinque minuti uscirò da questo maledetto edificio. Spero di portarvi un trofeo, ma se così non sarà, offrirò comunque da bere a tutti!".

"Era quello che volevo sentire, Iris. Ti aspettiamo con i motori accesi. Passo e chiudo".

Cinque minuti. Vedrò di farmene bastare quattro. Apro il fuoco verso l'apertura e inizio a correre. Infilo nella cintura il suo stiletto estratto a forza dalla mia spalla. Inizio la salita fatta di detriti e macerie di una parte della volta del soffitto. Continuo a sparare a caso per non permettergli di affacciarsi dall'apertura della terrazza. Sto per arrivare in cima. Mancheranno poco meno di due metri. Cambio modalità della Glock e caricatore in corsa con proiettili fumogeni. Accelero ancora e mi preparo per saltare. Ho pochi istanti da quando mi aggrapperò. Lui sfrutterà esattamente quell'istante. Devo calcolare tutto alla perfezione.

Salto.

Primo sparo.

Il proiettile supera l'apertura del soffitto, tocca terra e un bianco fumo denso inizia a propagarsi sul terrazzo.

Mi aggrappo.

Secondo sparo.

La mano destra salda sulla presa, mi permette, anche se con dolore, di usare la sinistra dove impugno la Glock.

Terzo sparo.

Mi libero della pistola e mi isso sul piano terrazzato avvolta da tre bossoli fumogeni che ho sparato nelle tre direzioni diverse, tenendomi libera solo l'area destra, quella che d(a)à sul vicolo da dove siamo entrati.

Apparentemente, la mia mossa funziona. La distrazione, il fumo e l'effetto sorpresa non gli hanno permesso di sferrare alcun attacco mentre ero in posizione svantaggiata. Apparentemente.

Il suo contrattacco arriva da sinistra. Un calcio circolare alto mi intorpidisce tutto il braccio sinistro aumentando il sangue in fuoriuscita dalla mia spalla ferita.

Mi aspettava nel mio punto cieco. Nascosto dal fumo che io stessa ho creato per garantirmi una via d'accesso sicura. Ha atteso volutamente che mi rimettessi in piedi. Non sa ancora quanto se ne pentirà.

Il secondo calcio lo intercetto facilmente col dorso della mano destra, facendo un mezzo giro su me stessa.

Mi abbasso in scivolata dallo stesso lato e lo colpisco sforbiciando sulle gambe.

Finisce a terra come un sacco di patate. Mi rimetto in piedi e gli vado incontro. Con una capriola all'indietro si rialza mettendo un po' di distanza fra di noi. Intendo colmare subito quella distanza. Il suo sguardo è preoccupato. Mette la mano destra in tasca ed estrae degli shuriken. Piccoli, affilati e letali. Queste stelle taglienti a quattro o sei punte venivano usate dai nostri corpi speciali "M.O.S." durante le operazioni di infiltrazione o estrazioni pericolose, in cui nel più assoluto silenzio, come dei veri e propri fantasmi, dovevamo concludere missioni in zone ostili e senza copertura operativa.

Ora li vedo a rallentatore mentre mi arrivano addosso luccicando di una luce assassina. Con il suo stiletto, estratto dalla cintura, mi proteggo e, mediante stretti movimenti circolari, riesco a colpirne la gran parte evitando così di finire nuovamente trafitta.

Incredulo, allunga la mano sinistra per estrarre altri shuriken da un'altra tasca, ma la mano gli rimane attaccata alla coscia. Dopo aver reso inermi gli shuriken che mi ha scagliato contro, gli ho, a mia volta, lanciato lo stiletto trafiggendogli la mano sul quadricipite sinistro. Così gli ho finalmente restituito il favore.

Gli piombo addosso con una gomitata sullo zigomo sinistro. Urla ancora tramortito dal dolore per la mano e la coscia. Anche se la spalla mi fa male, gli assesto un gancio sinistro allo stomaco e mentre si piega in avanti, come un mattone gli sferro una ginocchiata sulla tempia destra.

Ancora una volta si accascia al suolo. Prima di togliergli il cappuccio dal volto gli prendo la mano destra fra gli stivali, giro con violenza le gambe dal lato opposto alla torsione del suo polso, e gliela rompo. Impreca gridando parole nella sua lingua aliena e fra sangue e denti sputati, mi accorgo che non è Tommy. Mi guarda con gli occhi iniettati di sangue e, nonostante tutto, sorride.

"Pezzo di merda! Adesso, prima che ti spacchi il cranio con un pugno e lo usi per abbeverare le piante, mi dirai come fai ad avere questo stiletto! L'hai trovato o te l'hanno dato? Avanti, parla!".

"Anche se sei la prescelta, non puoi nulla contro il primo soldato. Sapeva che ti avrei incontrato. Sapeva che ti avrei condotto qui. Sapeva anche che non ti avrei sconfitto. Dovevo solo recapitarti un messaggio. Fino a quando non padroneggerai le tue qualità superiori non potrai nulla contro di lui o contro l'impero. La tua resistenza è destinata a soccombere. Nuove armi sono state create per essere a voi opposte. Terribili conseguenze ci saranno per ogni azione repressiva che voi scatenerete. Il mondo ormai è in mano nostra. Ogni inutile sacca di resistenza verrà schiacciata ed evirata come una semplice influenza. Siete prevedibili, deboli, in numero tattico nettamente inferiore e soprattutto non siete tutti leali con voi stessi. Sottomettetevi e vivrete. Continuate a opporvi e morirete".

In lontananza sento carri cingolati che si avvicinano. Guardo l'orologio e i quattro minuti che mi ero data sono appena passati. Se hanno ordinato anche una copertura aerea potremmo rimanere tagliati fuori da un momento all'altro. Purtroppo non ho più tempo! Avrei mille domande da fare a questa feccia, ma sono sicura che non otterrei risposte. Questi maledetti hanno una soglia del dolore piuttosto alta per cui ci vorrebbe un po' per farlo parlare. Ora però sono troppo incazzata.

"Grazie per le belle parole. Devi sapere che sono un tipetto piuttosto ostinata. Le sacche di resistenza di cui parli sono molto più equipaggiate e letali di un semplice raffreddore del cazzo. Per voi noi siamo come il vaiolo. Quando ci incontrate vi consiglio di scappare o appassirete come arbusti secchi in autunno.

E qualsiasi arma avete creato da mandarci contro, noi ve la restituiremo spezzata e inutilizzabile. Perché è questo quello che facciamo! Vi stiamo facendo il culo già da diversi anni. Il tuo primo soldato lo sa, ed è preoccupato! Tu non sei niente. Servivi solo per distrarmi. Ha fatto proprio bene Tommy a mandarti da me così, tramite te, gli posso restituire un messaggio".

Lo afferro dai capelli e lo trascino sul bordo estremo del terrazzo. Il fumo ormai si è quasi del tutto diradato. Mi guarda dolorante, ma con gli occhi ricolmi di odio. Così provo una soddisfazione ancora più grande quando gli innesco una granata a percussione dentro la bocca e gli rimetto il cappuccio.

"Manda i miei saluti al tuo primo soldato e a tutta la compagnia e, quando arrivi sotto, attento a non sporcare".

Ormai i mezzi nemici sono a portata di vista. Non ho più tempo. Così lo lascio andare giù dal parapetto, in caduta libera verso l'inferno, urlandogli i miei ultimi sfoghi.

"Un ultimo consiglio. Prova a non atterrare di testa e forse potresti avere qualche blanda possibilità. Certo almeno che con gli stessi denti tu non stringa troppo forte. Fai buon viaggio testa di cazzo!".

Non attendo neppure l'esplosione. Mi volto e corro come mai in vita mia. In effetti non so se l'onda d'urto della granata alla base del palazzo possa in qualche modo danneggiarlo più di quanto già non lo sia. A volte, come dico sempre, il mio istinto guidato dall'adrenalina, non va di pari passo col cervello.

Se devo ragionare su altre persone sono molto più responsabile. Come quando congegno un piano o una missione da affidare al mio gruppo. Ma se sono io la diretta responsabile delle mie azioni o se sono in mezzo a una operazione ad alto rischio, divento incosciente. Imprevedibile alle volte, ma pur sempre poco responsabile sulla mia sicurezza. Questo, Tommy, me lo rimproverava spesso.

Quanto lo odio quell'animale. Aveva ragione su tutto. Ogni cosa che ha detto quel "likeno" era volta a ferirmi, a destabilizzarmi e a mettermi dei dubbi.

Troppi pensieri. Troppe domande. Troppe cose a cui però non posso pensare adesso. Ora sono arrivata al bordo opposto della terrazza e devo solo sperare che sotto ci sia già Omar con il nostro mezzo di trasporto.

Così, senza indugiare neanche un secondo, continuando a correre, metto un piede sul parapetto e, voltandomi di spalle, mi butto.

Quando si è a mezz'aria e guardi di sotto, la vista del terreno che velocemente si avvicina, ti riempie d'ansia e, d'istinto, ti fa portare le braccia in avanti.

Se invece ti lanci di spalle ciò che vedi è solo il cielo e in qualche modo ti rilassa. Rendi il tuo corpo più malleabile. Perdi di rigidità e d'istinto. La caduta diviene passiva e poi, finalmente, atterri.

"Iris è atterrata sul camion. Ripeto, Iris è atterrata sul camion. Togliamo le tende, gente. Ci resta poco più di un minuto per mettere distanza fra noi e quei merdosi likeni. Ci vediamo al campo base. Passo e chiudo".

Sopra i nostri camion, ormai da tempo, ho fatto installare dei grandi materassi da esercitazione. Quelli che si usavano nelle scuole dei pompieri per buttarsi dalle finestre dei palazzi prima che creassero gli stabilizzatori gravitazionali. Così, una volta atterrata sul morbido, resto a guardare il cielo mentre i miei ragazzi danno gas ai propri mezzi per distanziare i "likeni" che stanno convergendo al punto della missione. Quel bastardo di Tommy voleva fregarmi. Qualcuno ha parlato e così è riuscito a proteggere più del solito questo convoglio. Ciò che non sapeva era che avevo previsto che potesse succedere, così avevo minato tutti i tombini attorno ai due isolati dove si è svolta la nostra operazione. Per fortuna non mi è servito, ma ora sarà un buon diversivo per coprire la nostra fuga.

Mi basta spingere un bottone.

L'esplosione scuote la terra. Un vento caldo m'investe strappandomi un sorriso. I miei compagni hanno tutti messo la testa fuori dai finestrini. Nessuno sapeva. Di questo ne parleranno per molto tempo. Ora sono molto stanca e vorrei solo riposare, ma gli interrogativi alle provocazioni di quel "likeno" restano senza risposta.

Non è la prima volta che mi sento chiamare "la prescelta". Perché? Prescelta per cosa? E chi l'ha sparsa questa voce per prima?

Tommy è stato definito "primo soldato". Che sia salito di livello? Quindi esiste una sorta di carriera anche dentro l'apparato dei "likeni"! Devo cercare di saperne di più. Devo capire quali sono i loro gradi di comando e chi sta al vertice di questa piramide.

Perché mi ha detto che devo padroneggiare meglio le mie qualità superiori? Lo so già che lo devo fare. Ma lui l'ha detto come se questo potesse fare la differenza. Quando un vero nemico ti consiglia di diventare più forte? O quando è troppo sicuro di sé o quando non è veramente un tuo nemico.

Questa cosa mi lascia molto perplessa. Ho visto il suo mutamento con i miei occhi. Stavo rischiando la vita per Tommy e so esattamente cosa è diventato. Possibile che mi stia sbagliando?

E per ultimo, anche se so che c'è sempre stata la possibilità di una fuga di notizie, averne la certezza mi incupisce parecchio. Di chi mi posso fidare? Giurerei con la mano sui carboni ardenti per chiunque della mia compagnia. Eppure.

Questa è la prima cosa che devo impegnarmi a scoprire. La maledetta talpa. Giuro che la troverò e farò in modo di poterla riutilizzare per mandare una bella sorpresa a Tommy e a tutti i "likeni". Il futuro del popolo della Terra è ancora in piena evoluzione. Noi non ci fermeremo. Non ci arrenderemo. Non ci piegheremo ai vili giochi di questa feccia aliena.

La guerra ormai è iniziata da tempo. Le pedine sono quasi tutte in campo. Questa partita a scacchi che stiamo giocando è per la salvezza di tutta l'umanità. Non posso permettermi di perdere neppure un pedone.

Su di una cosa quel "likeno" aveva ragione. Non siamo tantissimi. Per cui, ogni aiuto ci è indispensabile. Ho in mente un grande piano. Il più grande, ardito e rischioso che abbia mai congeniato. Se riesco nel mio intento forse potrei cambiare le sorti di questa guerra e, chissà, il destino del mondo.

Devo ancora mettere insieme alcuni elementi. Mi servono un paio di settimane per ultimarlo, ma penso che, per allora, saremo operativi. Partiremo da qui, dalla nostra Terra, per porre le basi della rivoluzione globale del pianeta.

Nessun alieno può prenderci a calci in culo a casa nostra. Io non lo permetterò. Mille idee mi passano per la mente. Mille pensieri che cercano disperatamente una giusta collocazione. Adesso, però, ho bisogno di riposare un po'. Ci sarà tempo per tutto il resto. Pian piano metterò ordine nella mia testa continuando a scrivere nel mio diario.

Oh porca vacca!

Il mio diario non c'è più. Deve essere scivolato dalla tasca interna della giacca mimetica mentre mi lanciavo in caduta libera verso il camion. Di sicuro, nel rigirarmi è fuoruscito per ciò che mi è successo.

Bene. Ci mancava anche questo. Beh, poco importa! Spero che il mio diario venga ritrovato sepolto fra la sabbia da chi avrà cura di custodirlo e tramandarlo alle generazioni future. Affinché il sacrificio mio e dei miei uomini non resti sconosciuto.

Un diario di verità e di speranza simile a un germoglio bianco che si fa strada fra la sabbia sbocciando per essere raccolto da coloro che apriranno le proprie porte al cambiamento. Ci vorrà solo del tempo. Un diario sepolto alle porte del tempo.

Questo mio racconto romanzato è interamente un'opera di fantasia. Nomi, personaggi, luoghi e avvenimenti sono immaginari o usati appunto in chiave romanzesca; qualsiasi fortuita rassomiglianza a persone, fatti o luoghi realmente esistenti o esistiti è puramente casuale.

La ragazza del caffè

Giuseppe Giorgianni

La vedevo sempre lì, all'interno di quel bar nei pressi di piazza stazione. Ogni giorno sola con lo sguardo perso in quella piccola tazzina con i pensieri lontani e gli occhi pieni di lacrime. Era sempre lì, sempre alla stessa ora, mi sarei voluto sedere accanto a lei, per asciugarle le lacrime, stringerla forte, accarezzare la sua anima con semplici parole.

La osservavo da lontano cercando in qualche suo gesto il coraggio per parlarle, ma lei restava impassibile, seduta lì come se il mondo intero fosse lontano.

Non capivo il suo comportamento ma al tempo stesso ne ero attratto. Come faceva ad allontanare così tanto il suo spirito da ciò che la circondava? Noi siamo sempre disturbati da ogni minimo rumore mentre a lei, non produceva alcun effetto; era come se non sentisse, come se non vedesse, eppure era lì di fronte a me, io la vedevo, la vedevo piangere.

Passarono diversi giorni, la cosa mi stupii perché sembrava che non si fosse mai mossa, come se fosse incollata a quella sedia, come se aspettasse qualcosa o qualcuno.

Poi un giorno un evento inaspettato accadde, mi sedetti sempre al mio solito tavolo e come consuetudine ordinai il caffè, ero deciso a parlare con lei, volevo sapere il suo nome. Quando mi stavo per alzare per avvicinarmi, lei si girò, non era mai accaduto, era più di un mese che la osservavo ma sembrava che non mi avesse mai notato, eppure in quel frangente, in un piccolo istante, lei mi mostrò il suo viso, mi persi nel blu dei suoi occhi, era come se tutta la mia vita mi fosse passata davanti, non so di preciso cosa accadde, avvertii un vento accarezzare la mia pelle, sentii come se dolci parole stessero sfiorando la mia anima.

D'improvviso la porta del bar si aprì ed entrarono due ragazze, si avvicinarono al bancone e si sedettero a parlare ma accadde una cosa assurda a cui i miei occhi ancora non potevano credere: una delle due ragazze era seduta su quella sedia, proprio sulla stessa seggiola della ragazza misteriosa, ma lei era lì, come poteva essere? Forse stavo sognando?

Il barista si avvicinò e si sedette accanto a me, il mio sguardo era perso nel vuoto, nemmeno me ne accorsi, poi con la sua mano mi diede uno scossone e con voce calma mi chiese:

" Ehi ragazzo, stai bene ?"

"Si, risposi…" ma non ne ero poi tanto convinto.

Eppure non lo avevo sognato, ho passato oltre un mese in quel bar e lei era sempre stata lì. Allora il barista facendosi più insistente mi disse:

"Tu la vedi!"

"Chi?" chiesi...

"Quella ragazza al bancone che beve il caffè", mi rispose il barista...

"Sì, certo che la vedo perché non dovrei, è seduta lì, o per lo meno c'era fino a qualche minuto fa.

Il barista sospirò …

"Meno male, credevo d'essere impazzito!"

Lo guardai non capendo le sue parole. Mi disse:

"La vedevo ogni giorno seduta al banco con lo sguardo perso nel vuoto e le lacrime che le

sfioravano le guance. Era sempre triste, così
per tirarla un po' su le offrii un caffè ma lei lo
guardava senza mai toccarlo, poi d'improvviso
spariva.

Un giorno andai fuori per occuparmi d'una
commissione e, quando tornai, la vidi seduta,
chiamai mia moglie che era rimasta, in mia
assenza, a servire i clienti e le dissi:

"Cara, prepara un caffè per la nostra ospite".
Ma lei rispose:

"Ospite? Ma se non c'è nessuno nel bar!"

"Come, nessuno" risposi io.

"É lì seduta, non la vedi?"

"Vedere chi? Non c'è nessuno seduto … mi
sa che il caldo ti ha dato alla testa".

Il barista continuò a parlarmi e disse
sollevato:

"Comunque tu mi stai dicendo che la vedi,
non è così?"

"Sì, sì la vedo", risposi molto educatamente,
ma non ero molto convinto. Avevo visto,
forse, un fantasma? Tuttavia lei era così reale,
il suo dolore, riuscivo a sentirlo sulla mia
pelle; il buio di quegli occhi, la tristezza della
sua anima … no, non potevo credere che lei
non fosse lì, non poteva essere.

Corsi fuori dal bar con una strana sensazione, era come se tutte le mie esperienze si fossero annullate in quel momento. La concezione che avevo della vita, ogni cosa era messa in discussione. I miei occhi vagavano veloci alla ricerca di un punto fisso, cercai di calmarmi, respirai profondamente, poi, d'un tratto, sentii pronunciare il mio nome, ma ero ancora tanto preso da quelle strane sensazioni che non riuscivo a sentire chiaramente quella voce. Pensai fosse il soffio del vento e dissi a me stesso che era stato il racconto del barista a condizionare la mia mente. Dopo circa due minuti, riuscii finalmente a calmarmi.

Niente era diverso, il solito movimento delle persone che si spostavano per prendere il traghetto o il treno, però quella strana sensazione la sentivo ancora, ma più ci pensavo, più mi sembrava assurdo.

In quell'istante chiusi gli occhi e sentii come un tocco gelido, come se qualcuno stesse posando la sua mano sul mio petto all'altezza del cuore.

Riuscivo a sentirne il battito che si uniformava al mio.

Ne provai il dolore, straziante, sentii il suo alito sulla mia pelle e il mio nome sussurrato all'orecchio.

Stavolta non mi ero sbagliato, lei era lì, ma era diversa, gli occhi tristi sembravano risplendere come due stelle, il suo sorriso emanava calore, la sua pelle era chiara. Mi sfiorò la mano delicatamente e sussurrandomi dolcemente "grazie" sparì all'interno di una luce. Capì che aveva trovato la sua pace e che io avevo preso in carico la sua tristezza, aiutandola a passare oltre.

Traversata

Monica Musolino

Scale da salire, con una voglia definitiva di andar via. Scale bianche, veloci, alte, odore acido di piscio e piccoli cumuli di cenere nera e grossa, tra un gradino e l'altro, a masticare il pallore della pietra che si arrampica su, dietro l'edificio. Fin qui, in realtà, niente di nuovo. Tutta la città assomigliava a questa monumentale via di fuga. Fetore di piscio, scalinate occultate tra i palazzi, pezzi di cenere e di foglie secche, a ogni anfratto. Il vento che rantolava, spesso, ma quel giorno, di vento, non ce n'era quasi. Quel giorno, su per il porto, e dietro, c'era solo una luce rotonda che nobilitava tutto: rimorchiatori fermi, relitti incastrati in mezzo al mare, una domenica nauseata nella dimenticanza, in una finzione di festa.

Saliva le scale con quella strana voglia di partire, e non era per il fatto di trovarsi al porto, alla stazione del porto, non era perché non avesse fatto alcun biglietto, non era nemmeno perché, intorno, la fretta era quella di chi torna e non ha voglia di aspettare un traghetto che non arriva più. Era perché risalendo quelle scale quasi nascoste, e incalzando quel camminamento che non sai dove va, sarebbe stata tra poco, tra poco, dall'altra parte. Percorreva, con un'ansia che sapeva quasi di speranza, e certamente di desiderio, quella via che ripartiva dove avevano fine le scale: scappatoia bianca attaccata come una protesi alla stazione, in sospensione sopra la matassa ferrata rossoverde di binari e cavi. Sentiva i piedi che andavano da sé, andavano via prima di tutto il corpo, scappavano lungo quella frontiera di tempi e di spazi, prima di vedere cosa c'era dopo la curva. Attraversò la strada sospesa, confine di bianco luminoso, – un colore piuttosto bizzarro per segnalare il pericolo – con un senso di paura, celato in fretta dietro al sole incontenibile che invadeva anche i muri, quella mattina. Sui riccioli rossi che ciondolavano di luce, sul cappotto nero abbottonato dal sudore, sulle mani gonfie e confuse nelle tasche, c'era un odore inconfondibile di paura e di desiderio.

"Compiamola questa traversata", si fece forza.

E così fu.

La curva si era infine pronunciata: così, la fuga, rammendata con garbo sui suoi passi di paura, si aprì maestosamente sull'altra parte del mondo. Nuove scale, per scendere, stavolta. Nuove scale bianche per rimettere piede sulla terra. E sull'acqua. Per posare i passi, uno dietro l'altro, su una nuova paura che era una penisola ricurva incuneata nel mare.

Un cane dormiva, appoggiato sull'ultimo gradino, aderente al muro. Un *cani malatu* – avrebbero detto i più. Un modo ancora più bizzarro per sorvegliare la soglia bianca di un pericolo. Questa traversata si faceva così, respirando forte e stupendosi.

Quel pezzo di mondo, dall'altra parte della scalinata, in realtà a lei era, in buona parte, sconosciuto. Un tempo, apparteneva a quelli come suo nonno, che, quando finì la guerra, a piedi scalzi si impadronivano dei resti di lavoro fuoriusciti nella Grande Falce. Nonno Bartolo quella traversata la faceva ogni mattina, dal Ringo fino alla Falce. Alle quattro e mezza, ancora all'ombra della notte, si partiva in cinque: cinque ragazzini semiscalzi, magrissimi e bruni come le pietre fredde di lava. Tutti, eccetto lui. Bartolo era un *pilurussu*, pallido in viso e nel corpo come un latte purissimo, un latte di luna in cui erano conficcati due punti blu, occhi spiritati e attenti come quelli di un animale a caccia. Questo *pilurussu* si era tramutato in un unico manto lunare, mano a mano che gli anni lo coprivano di stanchezza e di dimenticanza. Mano a mano che il colore dei capelli si faceva più tenue e scoloriva, mano a mano che la freccia degli occhi si piegava e le immagini dei ricordi evaporavano. Più si avvicinava alla morte, più il passato si raggrumava in un unico ossessivo momento: bisognava avvisare il principale del cantiere che quel giorno – l'eterno oggi del suo pensiero ossessivo – non poteva andare a lavorare.

"Non pozzu travagghiari, oggi, ci'u dicissi Vossia a vostru patri, aiu un duluri 'a stu brazzu. Fossi, dumani".

"No, non puoi lavorare, nonno. Certo che no" – Rifletteva lei.

Bartolo non riconosceva quasi più nessuno, e niente, attorno a sé. Quindi pensava che la nipote fosse in realtà la bella figlia del principale, che chissà per quale fortuita ragione era capitata a casa sua, giusto quel giorno e a quell'ora utile, per recapitare il suo messaggio di assenza. Questa scena si ripeteva quasi ogni volta che la nipote lo andava a trovare, almeno quando il nonno non era troppo sperduto in una dimensione inafferrabile. Il vecchio aveva ceduto alla fatica della memoria, o la memoria non lo conteneva più nella sua nostalgia e nei suoi desideri di ottantenne, fino a che non avevano rotto il patto che li teneva reciprocamente in vita. Eppure, quel ricordo, di quel tempo e di quel cantiere, e la necessità di giustificare la sua mancanza, gli rammentavano ancora chi era. Questo pezzo di passato fu l'unico a rimanere fisso nel suo ricordo fino alla fine. Fino a che poté chiedere, con un ultimo sospiro, di recapitare il suo messaggio.

Nessuno poteva prendere sul serio quella richiesta: era la parola distorta di una mente fiaccata dalla vita. Un messaggio senza alcun senso, senza alcuna finalità. E infatti, neanche Delfina se n'era mai curata. Le dispiaceva, piuttosto, che quell'uomo fortissimo, dalle mani grosse e dure, dal torace d'acciaio, avesse perso qualunque orientamento nella vita, in balia di correnti che non poteva decifrare, ma conosceva quella storia. Sapeva bene che nonno Bartolo, ragazzino, andava a fare *u picchiettaturi* al bacino di carenaggio, dentro la Falce. Era uno dei ragazzini più capaci di picchiettare di vernice la carena delle imbarcazioni, imbracato per ore a una corda spessa e agile sulle gambe asciutte e svelte. Non sapevano farlo tutti, quel mestiere lì, occorreva abilità, forza muscolare e grande spirito di sacrificio. Una qualche capacità di adattamento all'odore sferzante di vernice marina. E certo, essere nella miseria dava quella spinta in più ad apprendere e praticare in fretta un simile lavoro.

La faccia impastata di nave e di smalto, quello che colava dai pennelli e dalla carena e che si raccoglieva dove riusciva a rifluire sul corpo giovane e indifferente dei picchiettaturi. È così che tornava a casa, dalla fatica del lavoro, di nuovo col buio, anche Bartolo *u pilurussu*, fintantoché mamma e sorella non lo ripulivano, ogni santo giorno che cadeva dal cielo, sfregandogli faccia e collo e mani e testa con dei fazzolettini imbevuti del petrolio del lume, operazione che lo restituiva infine al suo viso di piccolo spettro pennellato solo di rosso.

Ai cantieri, aveva dunque imparato a faticare, ma anche a conoscere i mestieri del mare e i vasti sogni d'America. Aveva sentito di viaggi interminabili e di porti tanto strani da sembrare leggende. Aveva imparato a pensare a un mare più largo dello Stretto, al *mareaperto*, a qualcosa che chiamavano oceano e che pulsava di una vastità che *doveva* essere vista e navigata, perché uno come lui sentiva nel sangue quella voglia di oltrepassare il *suo* mare e l'ansia di ritrovarlo altrove, di ritrovare quello stesso pericolo, quella maledetta pena di morte sentendo sotto le anche lo scricchiolio dell'acqua e la ferocia armata della stessa sfida. Uno come lui nel suo Stretto vedeva l'America, dai porti carichi di canna da zucchero ai fiumi immensi che voleva risalire e odorare. Uno come lui in questo specchio di rovina vedeva il mare pietrificato dei paesi del Nord, il bianco della sua pelle nelle distese di ghiaccio infinite e invincibili. Uno come lui non poteva vedere solo ciò che aveva sotto le mani: perché quel passaggio di acqua salata raccoglieva e respingeva miriadi di accenti e mostri d'ogni origine. Quell'incastro di correnti si trascinava dietro una quantità incredibile di battelli, che non poteva lasciar andare senza seguirne almeno una scia.

All'epoca, Bartolo non lo conosceva ancora, il *mareaperto*. Dalla Falce se ne vedeva, anzi, se ne intuiva appena un frammento, se giravi la testa a sud, ma se restavi puntato a nord, come tanti si ostinavano a fare, vedevi solo quella strettoia assassina, e poi, dopo, l'incanto ancora nascosto. Per questo, anche per questo incanto da rincorrere, oltre che per la fame che gli mordeva lo stomaco, era così importante non perdere quel lavoro.

Tutto questo valeva per suo nonno. Era la vita perduta e sepolta di un vecchio di mare, sparita con lui e con quell'ultimo accenno smemorato alla Falce di quand'era ragazzo. Tutta quella storia e quei desideri non appartenevano più a nessuno. Bastava superare le scale dietro la stazione, quelle stesse scale che Delfina aveva ingoiato a due a due, per capire che quella storia era finita. Era già un miracolo orientarsi in un simile slargo di cemento e banchine, in mezzo a quella plastica messa in fila di porticati e mostri di ferro. Era già un miracolo capire dove ci si trovava, per chi non c'era mai stato. Non era lo stesso che uscire in mezzo alla folla come quando aveva camminato a New York, trascinata via senza fiato da una spinta di gigantesca potenza, oppure essere minacciata dal martello insistente di rumori e richiami di una qualunque città conosciuta. E non era nemmeno come essere investita dalla meravigliosa bellezza di un paesaggio imprevedibile, che si apre in un momento davanti agli occhi nella sua spettacolare entrata in scena. Quello che le scorreva senza fretta sotto i piedi era un territorio residuale, penoso e rovinato. In effetti, Delfina a volte non capiva dove finisse un cantiere di ristrutturazione della strada e dove iniziasse l'abbandono, dove avesse termine la recinzione di una vecchia struttura e dove avesse principio un giardino selvaggio emerso nell'incuria. Era stata costretta a stringere bene gli occhi e adattarli a quel paesaggio inconsueto, abbastanza silenzioso, almeno a percorrerlo dallo stradone principale in quel preciso momento di piatto riposo della città. Non sapeva nemmeno perché stesse compiendo quel percorso. Perché si era decisa ad andare in quel posto, quando davvero non c'era più alcuna ragione, quando non sarebbe servito neanche a sedare l'ossessivo rintocco della richiesta di un uomo sfinito dai ricordi, senza quasi più memoria? A chi avrebbe recapitato il messaggio, ora? E a cosa diavolo serviva? Bartolo, suo nonno, adesso era realmente un riflesso lunare, una lingua spettrale che non aveva più bisogno di lei, nemmeno della sua commiserazione. E Delfina, che prima di allora non era mai stata nella città della Falce, si sentiva inutile, inutilmente in movimento lungo quell'orrendo stradone circondato da macerie e cancelli. C'era qualcosa di strano, lì, qualcosa che non rendeva possibile muoversi come si faceva normalmente. Perché nella città dove era abituata a spostarsi, la città viva delle cose da fare e degli orari da rispettare, ci si poteva orientare nello spazio tenendo a mente la sede del mare. Anche se non era sempre possibile vederlo, chi ci abitava, quasi che fosse un modo d'essere inventato tanto addietro nel tempo da sembrare naturale, sapeva sempre da che parte era il mare. Se appena non lo ricordavi più, ti saltava tutto, tutti i punti di riferimento, tutta la mappa dello spazio della città dei vivi. Ma lì, in quel posto che era dall'altra parte del mondo, il mare era dappertutto.

"E da che parte sta il mare, per sapere come andare?".

Il mare è ovunque, nella città dei fantasmi. Il mare è quella città. Infatti, Delfina aveva adesso la chiara percezione che le coordinate che conosceva per orientarsi erano saltate. In quel punto del mondo, dall'altra parte della città viva, un passeggero occasionale non potrebbe far altro che andare a intuito. Così fece anch'ella, alla ricerca dei cantieri Cassaro, accanto ai quali c'era un tempo il bacino di carenaggio che fu il primo luogo di lavoro di nonno Bartolo. In realtà, la ragazza, serrata dentro il cappotto scuro, col bavero alto a coprire la bocca e difendersi un po' da qualche pericolo nascosto, si sentiva anche un po' idiota, vista l'assoluta inutilità di quello che stava facendo. Ma continuò, fiutando la strada e i racconti del nonno, con la voce di Bartolo che le ritornava in testa, una voce incapace di qualunque modulazione di tono e volume: gridava, e basta, "raucando" di tanto in tanto per afferrare l'atmosfera dei luoghi e dei personaggi che richiamava in vita, "spiritando" un acuto per sottolineare la sorpresa e il paradosso, acquattandosi in un basso d'argano per vibrare di tristezza e di pietà. Forse fu per quel racconto imponente che le macinava la testa, forse fu solo l'inerzia dell'andare o forse il caso, tuttavia si ritrovò a un certo momento in uno spiazzo un po' più largo che si apriva verso una banchina, alla sua sinistra. Era di certo un molo, animato da un'ultima attività di cantiere. Quello doveva essere il Norimberga e di fronte, proprio di fronte a quel molo, c'erano i cantieri Cassaro, o ciò che ne rimaneva. Girò la testa e trovò subito davanti agli occhi la vecchia insegna. Era così infine approdata a destinazione, ma non sapeva davvero che senso avesse ora quella traversata, non sapeva cos'avrebbe ancora fatto lì, con quell'incomprensibile senso di perdita e di delusione che le strozzava la gola.

"Bartulu u pilurussu non può più venire a lavorare qui. Non verrà mai più, perché non esiste ormai nessun Bartulu u piulurussu. E d'altra parte, qua non c'è nulla che uno come lui possa fare. Non ci sono carene da picchiettare, per lui, né vernici di mare con cui sporcarsi dalla testa ai piedi, né visioni d'America e di mari del Nord".

Le parole se le sentì fuoriuscire dalla bocca, con un tono basso ma freddo della voce, espulse come fossero conati di liberazione. Il messaggio era stato recapitato, una volta per tutte. Una volta per sempre. Quel posto non sembrò stupirsene. Quelle banchine piene di vento, quegli enormi capannoni sbuffanti oppure arrugginiti e malconci, non davano alcuna risposta, né alcuna rassicurazione. Bartolo era morto e con lui il senso di quel posto.

Non aveva niente da fare, sola, in mezzo a quella lucente desolazione. Non le restava che tornare indietro, girare le spalle ai cancelli che chiudevano il passo ai civili e recidevano un altro pezzo di passato, e ricongiungersi in fretta con le strade consuete della città dei vivi. Mise la pala subito a prua per tornare, ma quel sole e il brillio accecante dell'acqua la spinsero a fare una lieve deviazione. Si ritrovò proprio ai piedi di un imponente portone di tubi e ruggine, affiancato da una torretta della stessa fattura. Sembrava l'entrata di un castello post bellico o del punto di avvistamento di un carcere ammuffito. Avanzò pure attraverso: mezzo cancello era spalancato. Subito le gambe incontrarono un dislivello, una salita di pietra che portava a un bacino, con diverse insenature e moli. Era tutto corroso dal sale e dalla noncuranza. Eppure, sui singoli moli alti una decina di metri sopra il mare, diversi pescatori stazionavano, ciascuno con un numero cospicuo di canne e la propria valigetta ripiena di esca. Il suo arrivo fu subito notato e registrato, senza nemmeno una parola. Le sembrava che fossero tutti dei frequentatori abituali di quello strano posto: tutti con un fare placido controllavano le canne da pesca, il mare muto che trascinava messaggi di rema e di pesci pronti all'amo. Delfina non era avvezza a una simile situazione, cominciò a gironzolare con circospezione, ma anche con curiosità, timorosa di risultare eccessivamente inopportuna o invadente con la sua sola presenza. Quel luogo era dunque ancora abitato, in qualche modo, in mezzo a un paesaggio grottesco: da un lato un relitto di nave scuro semiemerso, poco più lontano, verso il mare del sud, che sembrava aprirsi a mille fantasticherie e ipotesi. Dall'altro lato il Grande Gorgo, in mezzo allo Stretto, poco davanti all'entrata della Falce, in faccia alla grande Lanterna. Voleva spingersi quanto più vicino possibile a quel punto, per vederlo bene, per provarci almeno. Anch'ella puntò la rotta verso Nord. Inforcò col suo passo maldestro una passerella che univa i moli, una passerella alta sopra la spiaggia deserta e massiccia, fatta di un grosso tubo scolorito incuneato sopra pochi pilastri che lo tenevano in piedi. Sopra il tubo erano posate diverse grate, una a fianco all'altra, per sostenere i piedi di chi ci passava sopra. Delfina le pestò una a una con un po' d'ansia, occorreva quasi stare in equilibrio, lassù, su quella passerella tipicamente fatta per gente abituata a dondolare tra mare e vento o sull'orlo di una banchina, un piede sopra l'imbarcazione e l'altro a terra pronto a scattare. Lei non sapeva cos'era quell'altezza e quel limite rapido tra banchina e acqua, fra terra e barca. Lassù, per quelli come lei, era già possibile avere le vertigini e provare un senso di vuoto. La calpestò, comunque, fino alla fine, e fu su un nuovo masso di scogli, sagomato come un goffo obelisco. Su quella propaggine ultima, a un'altezza che a lei sembrava esorbitante, con attorno decine di gru bloccate da qualche evento irreparabile, si era fatta più vicina a quel mare pensato distrattamente grazie ai racconti di nonno Bartolo. Anche quei racconti, in realtà, non avevano tanta voglia di ascoltarli prima, né lei né gli altri della famiglia. Erano storie di miseria, di giornate passate a sudare, navi e imbarcazioni da montare e pitturare, erano storie di leve mattutine *cu tutti 'i setti scuri*, di pericoli per la strada, di ragazzini senza scuola, con una mastodontica voglia di prendere il mare e farlo casa. Un'ingenuità che non si poteva credere. E ancor meno si poteva perdonare. Ma adesso che era proprio sul ciglio di quella città, che le restituiva un mare sconosciuto, avvertiva insieme un senso di rifiuto e una spinta di seduzione per quella vacuità liquida che ribolliva sordamente sotto di lei. Quel posto inconoscibile le ricordava suo nonno, la moderazione delle sue azioni, la schietta perizia delle sue mani e l'illimitatezza del suo desiderare.

Pensò che poteva bastare, quella commozione. In fondo aveva superato il confine della città dei vivi perché sperava follemente di ritrovare suo nonno nell'unico posto in cui poteva essersi andato a cacciare, l'unico luogo di cui aveva conservato un ricordo lucido e al quale voleva tornare.

"Ma nonno Bartolo è morto anche qua, nell'unico rifugio luminoso della sua memoria. È morto anche qua, assieme a tutto il resto", pensò.

L'unica cosa a cui era servita quella strana traversata era questa: adesso era certa che non lo avrebbe mai più rivisto, neanche in un luogo tanto importante per lui, non c'era traccia della sua storia, né di quella di tutti gli altri che l'avevano animata insieme a lui.

"Adesso – si disse – posso tornare a casa".

Aveva di fronte a sé, sulla sinistra, la Lanterna, bianca e gentile, difesa grottescamente da spenti capannoni ed enormi cisterne ormai marroni. Davanti a lei il Grande Gorgo, pericolo per imbarcazioni di piccolo carenaggio e per vecchi poeti imbalsamati. Il vento le muoveva la chioma ramata in grovigli di lampi e la invitava a fermare lo sguardo. Fu allora, non appena decise di girare i tacchi, che avvenne: fu un fulmineo suono acuto, certamente una banalissima suggestione. Avvertì, però, distintamente il riso di più persone e una voce maschile, che sembrava immersa tra altre risate della stessa natura, chiamare il suo nome. Non era la voce di un uomo fatto, era un timbro acerbo, ma rauco. E la chiamò: "Delfina…". Si girò di scatto, ma non veniva da dietro, e poi chi avrebbe dovuto chiamarla, lì? Non c'era nessuno che potesse conoscerla, aveva sentito solo il sibilo del vento.

"Delfina", udì ancora.

Si girò dall'altra parte, verso il mare e vide, o le sembrò di vedere, delle ombre violacee scomparire subito, come una fiamma innaturale, dentro al Grande Gorgo, inghiottite senza preavviso nello stretto di quel mare. Si disse immediatamente che era tempo di fuggire anche da quel posto, che era troppo addolorata e suggestionata, che aveva bisogno di riposare nel suo letto o di incontrare qualche amica che la distraesse da quelle fantasticherie, al sicuro da posti sconosciuti e rischiosi, soprattutto per il suo sistema nervoso. Inforcò subito la passerella, maldestramente, con un senso di urgenza di trovarsi già dall'altra parte del mondo, quello della città dei vivi, con l'ansia di risalire e poi ridiscendere le scale che l'avevano portata fin là, di essere di nuovo se stessa, lucida, per quanto triste, lungo le vie che al massimo potevano sorprenderla per qualche novità strutturale: una nuova segnaletica o il cedimento di un altro pezzo del manto stradale.

"Poi – pensava, mentre usciva fulmineamente da quel posto attraversando il grande portone corroso – poi, mica queste visioni, quand'anche fossero possibili, mica appaiono di giorno, con questa luce, con questo sole che travolge tutto. I fantasmi compaiono di notte, e certo non dal mare, in qualche casa abbandonata, se mai, ma non così".

Certo, questo era valido, forse, nel mondo che lei conosceva, prima di varcare il confine bianco di qualche ora prima.

"In ogni caso, meglio andarsene in fretta e senza troppi ragionamenti", si disse saggiamente, e intanto trottava lungo lo stradone, tagliando le curve ampie, quasi per accorciare la strada. Il sudore, nel frattempo, era diventato freddo lungo la schiena pallida, la paura cominciava a storcerle anche la vista, il senso dell'equilibrio, ma già intravedeva la scalinata bianca, la salvezza. I suoi piedi, adesso, presi dalla fretta incontenibile di tornare su terreni più stabili, stavano quasi ballando sull'asfalto nero di quella città segreta, toccavano appena terra che si rialzavano per sospingere tutto il corpo e la tensione al di là, ogni passo al di là. Sfrecciò davanti al cane che stava a guardia della soglia, senza neanche guardarlo, mentre in altri tempi lo avrebbe accostato con un po' di circospezione. Non ebbe, quindi, neanche il tempo e la possibilità di accorgersi che si era svegliato e la accompagnava con uno sguardo calmo, ma interrogativo.

"Delfina…", un'altra volta la stessa voce.

Delfina si girò d'istinto verso quella presenza, che continuava ad accompagnarla con gli occhi, senza emettere neanche un accenno di abbaio.

"Dai, non può essere il cane – pensò subito tra sé – beh, ma non può trattarsi neanche di un fantasma. Sono veramente troppo turbata. Andiamocene".

E se ne andò risalendo a due a due, per la seconda volta quel giorno, le scale che la riavvicinavano nel mondo di sempre, in quella città dei vivi che in realtà le aveva riservato le esperienze più dolorose, nella città delle regole non scritte ma dure a cadere, nella città che le stava stretta ma che faceva fatica ad abbandonare. Continuò lungo il camminamento, le sembrava di scivolarci sopra, quasi che avesse dei pattini ai piedi o degli sci, e poi di nuovo la scalinata-protesi che le aveva dischiuso la nuova città incagliata nel mare si mostrava adesso porta di ritorno al conosciuto e al sicuro.

Era affannata, ancora disorientata. Scese l'ultimo gradino che la riposava a terra e si fermò così, stordita, per una manciata di secondi. Passò una coppia con un cagnolino proprio davanti a lei: i due la guardarono qualche secondo in più del consueto, del normale, un po' perplessi.

"Chissà che faccia sconvolta che ho", pensò. Aveva uno specchietto in borsa, ma non era certa di volersi guardare in quel momento. Lo lasciò lì, non era il caso di usarlo. Riprese a camminare distrattamente, lentamente. Rifletté, però, sul fatto che aveva bisogno di sedersi da qualche parte, per riaversi da quella mattinata tanto strana e assurda e riacquistare il controllo di sé. Darsi una spiegazione. Mentre i piedi cercavano una panchina, si ritrovò davanti al bar di Porta Messina, tra la stazione e il porto, e si disse che anche un caffè non sarebbe stata una cattiva idea. Le mani spinsero la porta del locale e tutto il resto del corpo si affiancò a quel movimento. Era dentro, adesso, con il suo sorriso di saluto che lanciò, senza grande convinzione al di là del bancone, all'uomo che stava passando con garbo una pezza umida sul marmo. Si sedette di fronte a lui su uno sgabello libero e chiese il suo caffè. Non si rendeva conto di quanti avventori fossero presenti, né forse gliene interessava, voleva solo il suo caffè. E voleva respirare. L'uomo al bancone, coi suoi occhi fitti e lucidi, annuì alla sua richiesta senza una parola e si avviò alla macchinetta, ma si girò un paio di volte verso di lei, come se volesse verificare qualcosa. Quando le apparecchiò davanti la tazzina piena del suo caffè, con una qualche incertezza nella voce, le si rivolse con gentilezza:

"Ho una cosa da darti. Stamattina, presto, all'apertura, è spuntato un ragazzino un po' strano e mi ha chiesto di consegnare a una ragazza coi capelli rossi e ricci questo malloppo. Non so cos'è, mi sembrava uno scherzo. Mi disse che saresti passata in mattinata, ma più tardi, a prenderlo. Ecco qua".

Tirò fuori da sotto il bancone un piccolo strato di fogli custodito in una copertina viola scuro e glielo porse, accanto al caffè. Delfina seguì con gli occhi i movimenti del barista, senza ben capire quello che le stesse dicendo. Pensò che ci dovesse essere sicuramente un errore: nessuno sapeva che sarebbe stata lì, a quell'ora, nemmeno lei, lo aveva deciso qualche minuto prima. Era incuriosita da quella copertina e dal contenuto dei fogli: una lettera? Un atto notarile? Una fotocopia di qualche documento? Pensò appena all'immagine stramba di un ragazzino che all'alba faceva quell'altrettanto strana consegna.

Aprì il fascicolo in silenzio, slittò la copertina viola e vide la prima pagina bianca. Forse era davvero uno scherzo. Sfogliò ancora e notò che la nuova pagina che aveva sotto gli occhi era scritta per intero con una bella grafia, che però non conosceva. Sentì una nuova ondata di paura mista a comprensione solcarle la schiena. Restò seduta, su uno sgabello della città dei vivi, a fissare per un paio di secondi quella pagina scritta, ma non vedeva ancora le parole. Infine, prese un respiro e, dimenticandosi del suo caffè che raffreddava nella tazzina, cominciò a leggere:

"Scale da salire, con una voglia definitiva di andar via. Scale bianche, veloci, alte, odore acido di piscio e piccoli cumuli di cenere nera e grossa...".

Postfazione

"C'era na vota,
u sceccu si vota.
C'era na crapa,
u sceccu si caca.
C'era na biscia,
u sceccu si piscia".

Alla quinta birra mi era entrato in testa.

Vedevo chiaramente il vecchietto, seduto di spalle, che intratteneva "un tavolo colmo di bicchieri", il maglione grigio come il riporto che si stagliava sulla nuca; la mano ironica che ripercorreva il passato della filastrocca, il battito a tempo del presente, del mocassino sul pavimento a tenere il ritmo... E, porca putt ... non ricordo dov'ero!

Si parlava del meno e del più: e chi più ha, meno ci mette. Ed ecco che mi si incunea nella mente quella filastrocca. Mi dico in sordina, mentre affermo: non era fallo! Se per caso non avessi esagerato col bere già alle cinque del pomeriggio. Ed ecco che arriva da non so dove quella filastrocca che ho sentito e ripetuto migliaia di volte. E s'incunea nella mente. Ma questa volta, la memoria bastarda mi fa ricordare di quel vecchietto. E siccome la memoria è bastarda e fallace: non ricordo il luogo.

Il luogo, un luogo, è importante nel gioco del ricordo.

È come dimenticare il soffritto di aglio, olio e peperoncino rosso nella pasta aglio olio e peperoncino, rosso. Che ti resta? La pasta. D'accordo, è vero che il soffritto sa più di sfumatura e la pasta di sostanza. E in effetti il ricordo è sfumatura, e il luogo, sostanza. Ma se uno dei due elementi manca, che sapore ha la pietanza? Un'altra birra, grazie!

A un tratto il vecchio si alzò, o meglio alzò sul "piscia" il braccio, e armoniosamente il suo corpo, per poi lasciarsi cadere di nuovo sulla sedia. Quasi pesante, pesato e pensante, nel gesto e nel detto. E così, svicolante e furtivo, si diresse, di scatto, di colpo, nel brusio incessante, nel retro, nel bagno.

Prima dell'ingresso c'è un puzzle di un quadro di … di … nel mio ricordo, di Bruegel il Vecchio. Si, uno di quei quadri ricchi di immagini, storpiature e "morali". Pastello, forti, inevitabili allo sguardo. Ci si può perdere …

E quando dopo un po' andai in bagno pure io, vidi il vecchietto sorridermi da un tassello di puzzle, mentre pisciava, di spalle, dentro la bocca sdentata di un pesce pisciatoio.

Non riesco più a parlare di rigori o fuori gioco, mentre l'amico incalzante adduce, a un calcio al pallone, complotti e mala fede. Ammè, interessava, in termini di rigor di logica: che cosa ci faceva il vecchietto nel quadro/puzzle? E soprattutto che ci facevo io in quel posto, di cui non ricordo il luogo?

Un luogo è tutto e niente, è uno e uno dei tanti, come il ricordo, l'esperienza, la mala o buona impressione che si riscontra, se non lo hai immaginato o vissuto. Assaporato. Da leccarsi le dita.

Mario Ferrara

Note Biografiche

Emilia Celi vive a Messina dagli anni ottanta. Lavora come docente e, unitamente alla passione per la lettura e la scrittura, coltiva quella per l'arte. Ha collaborato, come pittrice e grafica, con poeti, attori e musicisti partecipando a rassegne e spettacoli, sia musicali che teatrali. Ha preso parte, inoltre, a numerose esposizioni pittoriche, in Italia e all'estero.

Alcuni suoi versi sono stati inseriti nel trimestrale di arte e cultura "insieme nell'arte". Nel 2013 ha pubblicato il racconto "Micia Stidda, figghia di lu mari" nella raccolta "Cara Messina, ti scrivo" edita da La Feluca Edizioni.

Scrive e interpreta monologhi teatrali.

Giuseppe Giorgianni è nato a Messina nel 1977 e si è diplomato all'Istituto Tecnico Nautico nel 1996. Attualmente lavora come artigiano presso la sua ditta "Al Corsaro", fondata nel 2007. Ha pubblicato una serie di poesie nella raccolta "Viaggi di Versi Nuovi Poeti contemporanei".

Monica Musolino è nata a Messina nel lontano 1977. È sociologa degli spazi urbani, con un particolare interesse per i processi di costruzione e ricostruzione identitaria rispetto ai luoghi, al loro essere abitati e rinnovati dalla pluriforme presenza della comunità che li vive. Ha sempre scritto poesie, per poi transitare nello strano mondo della saggistica, ma sempre con una significativa tensione verso i territori e le atmosfere urbane che la hanno accompagnata. È così giunta al suo primo passo nella forma di scrittura in prosa.

Sergio Scarfì è nato a Messina, il 4 ottobre del 1986 . Ha Conseguito il diploma di maturità classica al Liceo Classico Statale "Giuseppe La Farina" nel 2005. Nel 2013 ottiene la laurea triennale in Scienze Politiche presso l'Università degli Studi di Messina. Attualmente è impegnato nel conseguimento della laurea magistrale in Sociologia, sempre presso l'Università di Messina.

Il rapporto con la scrittura è animato fin dall'infanzia da una vorace propensione alla lettura, risalenti all'adolescenza le prime esperienze di scrittura. Molti racconti e poesie giacciono inediti nei suoi cassetti e *hard disk*.

Mario Oscar Venuti è nato a Messina nel 1977, città in cui risiede e lavora. Si è diplomato ragioniere nel 1995 e nel 2004 ha conseguito l'abilitazione come consulente del lavoro. Nel 1998 ha iniziato a scrivere poesie, racconti, storie brevi, cortometraggi. Nel 2005 ha partecipato al concorso di scrittura "Linguaggi mutanti". Nel 2009 ha pubblicato "Rosso Natale", nel 2011 "Vigilia nera" , nel 2012 "Quando finisce la notte" e nel 2013 il racconto "Sisma", inserito nella raccolta "Cara Messina, ti scrivo", tutti editi da "La Feluca Edizioni".

Nel 2013 ha partecipato alla prima edizione del "Concorso Letterario di Narrativa Unitre Santa Teresa di Riva" con la sua opera inedita "L'Onda del Destino" ricevendo in merito una targa di riconoscimento.

Indice

***

I personaggi, i nomi e le
vicende contenute in questo
libro, pur ispirandosi alla realtà,
sono frutto della fantasia degli
Autori.

***

Collana La Fantasia

Titoli pubblicati

Alfredo Buttafarro, *Aquilara*
Alfredo Buttafarro, *La casa di Natale Urdì*
Davide Moscato, *Non mi abbandonare*
Enrico Anastasi, *Mare Bianco*
Alfredo Buttafarro, *Angeli Tristi*
Autori Vari, *Cara Messina, ti scrivo…*

9 788889 635819 1